Fritz Simonsen

Ut mien Kinnerjohrn

Eine Kindheit in Angeln

Herausgegeben von Reimer Simonsen

Wachholtz Verlag

Anschrift des Herausgebers:

Dr. Reimer Simonsen
Norderbergweg 5
25875 Schobüll

ISBN 3-529-04908-5

Wachholtz Verlag 2006

Fritz Simonsen

Vorwort 8

Unse Kinnerwelt

Mien eerste Büx 15
Wat wi Kinner spelen deen 18
Schummerabend 30
Keninken 37
Fischen 39
De Jung schmökt! 42
Mien Pluto 46
As Andenk'n an Fanny 50
Brarupmarkt 52
Mit Vadder ünnerwegens 62
In 'e School 68
Kinnergill 78
Bi Tande Tidi 81
De Naverschupp 82
Utfohrn 88
Fremmen 91
Dat Huus steiht inTruer 96
Wiehnachtstiet 100

Unse to Huus

Mudder backt	109
Schlachten	111
Wat up 'e Disch keem	116
Sünnabendsüssel	123
Döschen	124
In 'e Hoff	128
De Deckers kamen	133
De Muerlüde	136

Up it Feld

Butenarbeit bi Winterdag	143
In 'e Nawinter	145
In 'e Ploogtiet	151
De Köh warrn utjaagt	155
In 'e Röven	156
In 'e Vörsommer	159
Tuun klippen	165
As de Lee noch sung	167
In 'e Oorntiet	168
Dat Letzte	172
Mein Lebenslauf	174

Vorwort

Lange Zeit hatte ich meinen Vater gedrängt, doch einmal aufzuschreiben, wie es in seiner Kindheit auf dem väterlichen Bauernhof zugegangen ist. Dieser war ein kleiner Betrieb von damals knapp 11 ha am Ostrand der Gemeinde Süderbrarup, Süderbrarup-Roy, oder einfach „in de Roy“, wie die dortigen Bewohner es nennen. Mein Gedanke bei diesem Wunsch war, dass von den Zuständen und Arbeitsgewohnheiten auf den kleineren Höfen an der Schwelle zur Mechanisierung der Landwirtschaft nicht sehr viel bekanntgemacht worden ist. Nach dem Tode seiner Frau – meiner Mutter – erlebte mein Vater eine geistig sehr produktive Phase, in der er 1975 als erstes seine Kindheitserinnerungen auf 256 handgeschriebenen Seiten zu Papier brachte und mir 1976 zum Geburtstag schenkte. Zu meiner großen Überraschung und Freude waren diese Erinnerungen auf Platt geschrieben. Für seine Geschwister und uns Kinder wurden im ganzen 15 Xerokopien hergestellt.

Seine plattdeutsche Sprache hat meinen Vater spätestens seit seiner Seminaristenzeit in Tondern 1918-1921 interessiert. Denn dort sprachen die Menschen „sein“ Platt. Dies war freilich nicht Plattdeutsch, das dort nur wenig gesprochen wird, sondern Plattdänisch, in dem mein Vater so viele gleiche oder ähnliche Ausdrücke und Satzformen fand, wie er sie von seiner plattdeutschen Mundart zu Hause kannte. Er beschloss, sich näher mit dem Angeldänischen, wie er es nannte, zu befassen. Vielleicht angeregt durch das Erscheinen von Otto Mensings Schleswig-Holsteinischem Wörterbuch (Wachholtz, Neumünster 1927-1935), das er natürlich subskribiert hatte (und mir sehr viel später schenkte), begann er, auf Zetteln des Soennecken-Kalenders (A 7) einen Katalog der angeldänischen Ausdrücke zusammenzustellen. Doch ließ er entmutigt davon ab, als eine Arbeit erschien, die genau den gleichen Themenkomplex behandelte, ebenfalls mit Schwerpunkt in Angeln. Es ist dies die Dissertation von Karl Nielsen Bock, „Niederdeutsch auf dänischem Substrat. Studien zur Dialektgeographie Südostschleswigs.“ (Deutsche Dialektgeographie 34, 338 S., Levin & Munksgaard, Kopenhagen – Elwert, Marburg 1933). Erst nach der Niederschrift seiner Kindheitserinnerungen 1976 nahm mein Vater diese Studien wieder auf und ergänzte und erweiterte seinen Zettelkatalog. Anfang der 80er Jahre – mein über 80-jähriger Vater hatte aufgehört zu arbeiten – wurde dieser Zettelkatalog und eine Kopie der Kindheitserinnerungen der Niederdeutschen Abteilung des Germanistischen Seminars der Universität Kiel übergeben. Die Dame, die diese Dinge abholte, war nicht einmal des Plattdeutschen mächtig.

Der Text verdient in verschiedener Hinsicht eine weitere Verbreitung als nur innerhalb der Familie. Da ist zunächst einmal das rein Sprachliche und Mundartliche mit den eigentümlichen Satz- und Wortformen, z.B. auch die Verbindung des Infinitivs mit „und“ statt „zu“, die aus dem Plattdänischen übernommen und auch heute noch weit verbreitet ist im Gebiet nördlich zwischen Husum und Schleswig. Zweitens ist zu nennen der reiche Wortbestand im Text, wobei mein Vater weniger bekannte Wörter gleich übersetzt und ggf. auf den dänischen Ursprung („dä.“) hinweist. Drittens, und daran war mir ja anfänglich gelegen, werden die Zustände und Bräuche auf einem kleinen landwirtschaftlichen Betrieb zu Anfang des 20. Jahrhunderts beschrieben und so eine wichtige kurze Phase der Entwicklung erfasst.

Schließlich kann man diesen Erinnerungen eine gehörige Portion Unterhaltungswert schwerlich absprechen. Mein Vater war ein glänzender Erzähler, ebenso seine beiden Brüder. Wenn sie bei Familientreffen zusammensaßen, scharten sich ihre Frauen und wir Kinder um sie, um Ihnen zuzuhören. Da gab es viel Gelächter, und in die hellen Stimmen der Frauen und

Kinder mischten sich der tiefe Bass von Onkel Max (zeitweiliger Bürgermeister von Süderbrarup) und das Meckern von Onkel Heini, während mein Vater sich vor Lachen regelmäßig an seiner eigenen Spucke verschluckte. Sicherlich werden diese Kindheitserinnerungen auch dem Leser hier und dort ein Schmunzeln entlocken.

Im Folgenden möchte ich auf einige Besonderheiten des Textes eingehen. Damit erfährt der Leser zugleich den Grund, weswegen ich meinen Namen als Herausgeber auf die Titelseite gesetzt habe.

Das oben Gesagte wie auch sein Lebenslauf (S. 174) zeigen, dass mein Vater durchaus kompetent und in der Lage war, die Verhältnisse auf dem elterlichen Bauernhof eben nach der Wende zum 20. Jahrhundert zu beschreiben, und zwar in der plattdeutschen Sprache, mit der er aufgewachsen war. Nun ist aber der Urtext seiner Erinnerungen für den weniger geübten Leser sehr schwer zu erfassen; denn mein Vater hatte sich vorgenommen, die Angler Mundart möglichst getreu zu Papier zu bringen und hat den Text in reiner Lautschrift verfasst. Freilich nicht in einer wissenschaftlichen Lautschrift, etwa dem Internationalen Phonetischen Alphabet (IPA), sondern mit der gewöhnlichen Schrift, der er lediglich das skandinavische å hinzufügte. Es ist beispielsweise typisch und auch weit bekannt und belacht, dass der Angeliter kein g spricht, sondern stets ch. Folglich schrieb mein Vater stets ch. Noch schwerer verständlich wird seine Lautschrift bei anderen Wörtern, z.B. „chäm“ (geben), „Femmedach“ (Vormittag), „Waahng“ (Wagen), „Aahmb“ (Abend). Hier ist der Wortursprung nicht mehr erkennbar.

Um dem Leser eine Vorstellung von der Art des Originaltexts zu geben, folgt hier eine Probe, die zeigen soll, wie schwierig die Lektüre sein kann. Sie entstammt dem Kapitel „Brarupmarkt“:

Brårup-Sünnahmb weer de Proof, wodennich dat Mark utfull'n weer: vun de Marklüde, de dor weern werderkåm oder wechbläm, un de dor weern nie kåm. Denn wurr doröever schnackt, ob de Markvåcht dat Mark chut harr upbut. Uck vunt Werder wurr schnackt, dat fröher väl bäter weer as nu. Disse schwore Proof måkern blots de Männer. De prooft'n utförlich uck de Chedränke. Cheng Mahng drohng'n se de eerste Hohrbüdel to Hus.

Es wird wohl einleuchten, dass dieser Text einem größeren Leserkreis kaum zuzumuten ist, es sei denn, er wird laut gelesen. Im letzteren Fall kommt dann das Angler Platt als Mundart tatsächlich sehr gut zur Geltung. Ich habe einigen Bekannten die Erinnerungen zu lesen gegeben, Personen mit sehr unterschiedlicher Bildung. Eine Lehrersfrau (aus Löwenstedt) konnte den Text sehr gut lesen, teilweise laut. Ebenso ging es einem ehemaligen Straßenwärter aus Hattstedt, der zeitweilig in Süderbrarup gearbeitet hatte.

Wenn jedoch der Text einem weiteren Kreis zugänglich werden soll, ist eine Transformierung in eine orthographisch akzeptable Fassung unvermeidbar. Diese Transformierung habe ich nun vorgenommen, in deren Folge ein fast neuer Text entstanden ist, der hier vorgelegt wird. Das zeigt bereits ein Vergleich des oben zitierten Absatzes der Originalfassung mit dem revidierten Text (S. 55).

Die obige originale Schreibweise der Wörter „werderkåm“ und „Werder“ soll ausdrücken, dass diese Wörter und überhaupt die –t- und –d-Laute vor –er ähnlich ausgesprochen werden sollen wie das englische stimmhafte -th- (in der Lautschrift – ð –). In diesen Fällen fügte mein Vater ein „r“ ein, um diesen

Laut auszudrücken: „Ferder“ für Fedder (Feder), „Lerder“ für Ledder (Leder). Diese Aussprache ist im norddeutschen Platt aber weiter verbreitet. Eine Ausnahme ist hier im Text „Vadder“ und „Mudder“, das wie doppeltes d gesprochen wird. Mein Vater weist auch darauf hin, dass man das „l“ nur am Anfang eines Wortes oder einer Silbe spricht, sonst „häufig wie kurzes a oder o“, z.B. wird Melk (Milch) gesprochen „Meak“.

Auffallend im Text ist die Bildung der Vergangenheit (Präteritum). Im obigen Text erscheint hier nur „måkern“ = machten. Sonst schreibt mein Vater gewöhnlich –er am Ende eines Verbs, z.B. „bringen - ik bröchter – wi bröchtern“, „fohren – he fohrer – wi fohrern“, „mögen – ik müchter – wi müchtern“, „hoolen – he höller – wi höllern“, „möten – he müsster – wi müsstern – wi hemm müsst.“ Die beiden Buchstaben „-er“ stehen hier für den Laut „ə“, der dem englischen „fath**er**“ ähnelt. Allerdings war mein Vater hier nicht immer konsequent. Als Beispiel sei „mögen“ genannt, das in den Formen „ik müchter“, „ik much“, „he müch“, „he möch“, „wi müchten“ erscheint. Diese verschiedenen Formen habe ich im vorliegenden Text gelassen, sie zeigen einmal die Schwierigkeit, das -er als Laut auszudrücken, z.B. bei „he maker – he make.“ Vielleicht hatte sich ja auch eine gewisse Unsicherheit bei meinem Vater eingeschlichen, der in seinem langen Leben an seinen verschiedenen Lebensstationen viele plattdeutsche Dialekte aus Schleswig-Holstein gehört hatte.

Im Text findet sich an einigen Stellen (z.B. S. 67, 109 und 135) eine etwas bizarre grammatische Satzkonstruktion. Als Beispiele seien hier zitiert die Stellen auf S. 20: „Doddi mutt wull hett Mudder wesen,“ und auf S. 66: „Ik kunn harr jeder Handwark maakt hemm.“ Es sind also jeweils zwei Verben in der 3. bzw. 1. Person Sing. konjugiert, die aber nur ein Subjekt haben. Auf eine solche eigentümliche Konstruktion weist auch Mensing (Bd. 2, Sp. 680) hin und fügt dann hinzu: „Alles nur in Angeln.“

Für die Übertragung in einen orthographisch akzeptablen Text waren mir natürlich erste Instanz die Regeln, wie sie bei Johannes Saß niedergelegt sind („Kleines plattdeutsches Wörterbuch.“ Fehrs-Gilde, Hamburg, später Wachholtz, Neumünster, 104 S., viele Auflagen seit 1956). Außerdem halfen mir das „Plattdeutsche Wörterbuch“ von Wolfgang Lindow (1984, 257 S., Schuster, Leer). Lindow verweist in seinem Vorwort u.a. auch auf die gegenwärtige Entwicklung von v zu b (z.B. geven ⟶ geben). Dieser Entwicklung habe ich behutsam Rechnung getragen und habe z.B. geben und Abend geschrieben, entgegen den Vorgaben von Saß; mein Vater benutzte ohnehin stets b statt v. – Besonders hinsichtlich der Formenlehre war eine große Hilfe die bereits genannte Arbeit von Karl Nielsen Bock, die u.v.a. auch viele dänische Lehnwörter enthält. Und selbstverständlich mussten die fünf Bände des Mensing immer zur Hand sein. Hier sei mir die – vielleicht nicht sehr maßgebliche – Bemerkung erlaubt, dass durch die konsequente Anwendung der Rechtschreibregeln nach Saß dem Urtext gewissermaßen ein Korsett angelegt werden musste, was dem plattdeutschen Angler Dialekt nicht immer gut bekommen ist. Es liegt mir jedoch fern, das große Verdienst der Einführung dieser Regeln abstreiten zu wollen.

Es sei noch erwähnt, dass ich an einigen wenigen Stellen Erläuterungen eingeschoben habe, die nicht im Originaltext stehen, die mir aber angebracht erschienen. Im Unterschied zu den Erläuterungen meines Vaters in runden Klammern habe ich meine eigenen Ergänzungen in eckige Klammern gesetzt.

Reimer Simonsen

Unse Kinnerwelt

Mien eerste Büx

As ik noch en lütte Kind weer, harrn de Deerns bet dree, veer Johr korte Haar, eben as wi Junges. Un wi Junges harrn bet to dat selvige Öller en Kleed an, eben as de Deerns. Dat ik en Kleed anhatt heff, weet ik nix mehr vun. Aver dat ik de eerste Büx kregen heff, dor kann ik mi gud up besinnen. De eerste Büx make natürlich nich de Schnieder, dat weer wat för de Neihdeern. Mudder gung mit mi na ehr Neihdeern Emma Jordt, de Fru vun de Schlossermeister Heine Boysen. Ik seh noch, dat Emma Jordt mi up 'e Disch börn un mi Maat nehmen dee. Ik seh noch vundag, dat ik bi dat Maatnehmen vör ehr up 'e Disch stunn. Se is sacht nich mod'n (gewohnt) wesen, sik bi de Arbeit so wiet dal to bücken. Ik weer aver bannisch (verdammt; dä. forbandet) krötig, as ik dat eerstemal in Büx stunn. Ik kreeg glieks en Marineantog ut düsterblaue Samt mit 'n blaue Kraag mit witte Litzen up. Ik föhl dat noch, wo week dat weer, as mien Hännen över dat Samt glieden deen.

Disse Samtantog weer nu blots to best. To däglig kreeg ik glieks en Büx ut blanke, blaue Setäng (Satin). Dor hett wull een wat fallen laten vun „Sied“, denn ik weer över alle Maaten stolz up mien „sieden Büx“.

As ik to School keem, kreeg ik wat deftigere Tüg ut Dreeschechten (dicker, grober Wollstoff, mit drei Schäften gewebt), wat mien Vadder as Jung al dragen harr. Dat neihe Jörn Ihb mi üm. Jörn Ihb weer en ole Flickschnieder. He harr 'n Spraakfehler; de Lüde sään, he harr keen Böhn (harter Gaumen) in 'e Mund. He harr en wussen Söhn, de heeter Hanne. Ik gloov, mit em weer nich veel los, aver he weer uk nich gesund. As ik mal mit Vadder dor weer, wieser Hanne em sien naakte Arm. De weer vull vun Prikken (Punkte; dä.). He verteller Vadder, dat de all vun Inspritzungen weern. Eers veel später heff ik mi utrekent, dat he wull schwor suckerkrank wesen is. He is uk fröh storven, aver een Satz, de Jörn Ihb to sien Söhn seggt hemm schall, is lebennig bleven: „'anne, mien 'öhn, de 'att 'öppt in vun 't 'öötlock, 'iep en, 'iep en.“ Dat Göötlock weer fröher bi ole Hüser en Lock dör de Kökenwand na de Rünnsteen, wo dat Water bi it Dälenschrubben aflopen kunn.

Ik heff överhaupt noch en paar Erinnerungs ut de Tiet, as ik noch lütt weer. In de dore (jene; dä.) Johrn mutt in unse Gegend en Möhl afbrennt sien. Ik heff immer meent, dat weer Hasselmöhl bi Ulsnis wesen, de mal afbrennt is. Vun ditt Füer mutt bi uns schnackt worrn sien. Vun dat Füer heff ik schrecklich dröömt as lütte Kind. Dor kann ik mi vundag noch gud up besinnen. Ik seh noch gans dütlich vör mi, dat de Rooden vun de Möhl sik gans gau dreihen deen un de Löchel (Flammen) vun dat Füer achter sik natrecken deen. Ik heff as lütte Kind natürlich nich weeten, dat Hasselmöhl en Watermöhl is.

Un noch en Droom vun Füer kann ik mi up besinnen. Ik seecher en gans grote Kopp, so groot as 'n Huus. De weer glönig, so glönig as 'n Stück Iesen. Beide Drööme möten mi gräsig bang maakt hemm. Ik wurr waken un weener gans schrecklich. Ik leep to Mudder an ehr Bett un kreep ünner de Dääk. Ik denk uk nu noch mitünner an disse Drööme, un denn leppt mi dat koold lang de Rüch dal.

Un noch en Erinnerung an Füer, aver keen Droom: Vadder schmöker abends en lange Piep. As he nu mal utgung, steller he de Piep in 'e Eck vun 'e Kommod bi 't Finster. Dor passer Doddi, as ümmer, up 'e Lunt [=Lunte; „verfolgte alles genau“ vgl. Mensing 3, Sp. 529, 969]. As Mudder dat nich seecher, kreeg se sik en Schachtel Rietsticken, reet een an un höller de an 'e Piepenkopp. De Tabak kreeg se nich in Brand, dorför aver en Gedien.

Familie Simonsen ca. 1913
Fritz, Max, Heinrich, Maria, Doddi, Thea, Pluto
(Heini und Gretchen sind noch nicht geboren)

Mudder keem gau in 'e Been un reet de Gedien dal un kreeg dat Füer utmaakt. Vadder keem anlopen un seecher dat Mallöör. Un wiel he nix anners mehr doon kunn, lä he Doddi över 't Knee un geev ehr en düchdige Jackvull. Dat weer en gude Jackvull, denn ik gloov, wi hemm nümmer wedder mit Füer speelt. Wi weern domaals noch gans lütt.

En anner Mallöör seecher nu wedder en beten spaßiger ut. In 'e domalige beste Stuuv, wat später Schlaapstuuv wurr, weern de Malers to Gang un maalten de Finstern un Dören. Wi Kinner seechern se natürlich up de Fingern. Emi Thomsen, de Söhn vun de Maler, harr wedder een örndliche Puttvull geelbrune Farv anröhrt un in 't Finster stellt. Vadder un Mudder stunnen bi de Malers un löften se för de feine Arbeit. De Gelegenheit wull ik wohrnehmen un in 'e Farvputt kieken. Ik weer aver to lütt un kunn nich up 'e Finsterbank sehn. Dorüm wull ik de Putt dalhaln. Ik weer aver to lütt un reet de Putt dal up mi. De Farv leep mi över de Kopp un över dat ganse Tüg. Mudder juke, Vadder schimpe un de Malers lachern. Ik kunn nich mal richdig weenen vör all de hässliche Farv in it Gesicht. Ik gloov, ik kreeg nich mal wat up it Jack.

Wat wi Kinner spelen deen

Uk mit dat Spelen kann ik wiet in mien Kindheit torüchdenken. Ik kann mi gud dorup besinnen, dat Doddi un ik noch alleen spelen deen. Schwester Thea wurr 1903 geboren, dor weer Doddi meist veer un ik meist dree Johr. Wi spelern ümmer „Utfohrn“. Dor brukern wi dree Stöhle to. Een Stohl stunn vör, de weer dat Peerd. Achtern stunnen twee Stöhle, de weern de Wagenstöhl, wo wi beide up sitten deen. Doddi weer rech wat rissoveerter (resolvierter = entschlossener) as ik. Se greep glieks na 't Lei un 'e Pietsch. Se weer Vadder un harr dat Seggen. Dat Lei weer man blots en Segeltau, as it mit de Paketen vun 'e Höker keem. Leever müchtern wi Hüsingtau (eine bessere Sorte; dä.), aver dat weer knapp. De Pietsch weer 'n Schecht (dünner Stock; dä.) mit 'n Stück Band an. Ik weer de Mudder un kreeg en Popp in 'e Arm as Kind. Mitünner stunnen de Wagenstöhle uk achternanner. Doddi bleev vör sitten as Vadder, ik seet mit dat Kind achterin un speler Mudder. As wi en beten grötter wurrn un buten spelen dorm, spelern wi am leevsten buten Peerd. Dor kreeg ik uk en richdige Pietsch vun Brarupmarkt. Aver an mien Laag ännere sik nich veel. Doddi behöller Lei un Pietsch in 'e Hand, un ik wurr Peerd un kreeg af un an en lütte Tick mit de Pietsch. Ik weer uk gans tofreden mit mien Los. Blots een Deel, wat ik so geern hemm wull, heff ick nümmer kregen: dat weer en kopens (gekauftes; dä. Form) Lei, un dat geev so 'n schmucke roden mit twee Glocken! De harr Hans Thordsen, de Jung vun unse Naver. Aver he harr keen lütte Broder, de Mudder spelen kunn. Ik speler nu en welige Peerd mit Achterupschlagen, Wrinschen un allns.

Ik harr natürlich en grote Schaukelpeerd, de unse Raamaker (Wagenbauer) maakt harr. Dor heff ik aver nümmer veel för över hatt. Denn weer mi noch de lütte Kastenwaag mit dat schmucke Spann Schimmeln, de ik uk noch harr, meist leever. Merkwürdig is, dat ik in 'e Winter vör mien Kunfematschon, as ik al meist sösstein Johr oold weer, wedder anfung un spelen mit 'n gans lütte Peerd un Waag un en Kutscher ut Gips. Dat ganse Geschütz harrn Vadder un Mudder tokregen bi de Wiehnachtsinkoop. Dat hett wull dorvun kamen, dat ik in Begriff weer, in mien Beruf allens to verlaten, wat ik to Huus hatt harr. Denn ik heff mien ganse Tiedsleven schrecklich na to Huus lengt.

Aver noch sünd wi lütt, Doddi un ik. Un Thea is wull bilütten dortokamen. In unse Speelen richtern wi uns noch gans na dat Monster (Muster) vun unse Öllern. Unse Inrichtung weer as bi de Groten. Wi harrn jeder en lütte Kinnerstohl. Unse puzzeleien (porzellanenes) Kaffeegeschirr kunnen wi up 'n richdige Kinnerdisch setten, de en Discher maakt harr. Wenn wi Fremmen harrn, kunnen de up 'n Polstersofa för Kinner sitten. Dat hemm Thea un ick wull vörstellen müsst; denn fremde

Kinner ut de Naverschup keemen domals noch nich bi uns. Un wi spelten uk ümmer to Huus. Doddi mutt wull hett Mudder wesen; denn se müsster jo wat to seggen hemm. Ik heff gewiss as Vadder nich veel to melln hatt. Un as dat so mit Männer in 'e Huusstand geiht, make ik eenes guden Daags en grote Mallöör. Ik harr to Wiehnachten en Klütergeschirr kregen mit'n Hamer, Knieptang un Saag. Ik durf natürlich nich klütern an 'e Disch mit dat Puzzelaangeschirr. Ik müsster mi helpen mit'n lütte Eck an it Kinnersofa. In mien Ärger heff ik denn wull mal örndlich tohaut, un to Mallöör gung de Hamer dör dat Wassdok (Polsterbezug aus Wachstuch) weg. Ik heff jo sacht en örndliche Dracht Utschell kregen. Up jeden Fall heff ik mi noch na Johrn düchdig ärgert, wenn ik dat lütte veereckige Lock in it Polster sehn heff.

Aver wi wurrn grötter un aapten in unse Speeln de Groten nich mehr na. Wi kreegen unse eegen Welt mit unse eegen Ordnung. Dat hett gewiss anfungen mit Tick. Een sä: „Ik bin an“ un tickt sien Naver. De is nu „an“ un mutt wedder en drütte ticken. So geiht dat ümmer wieder. Bi Englisch Tick ward dat Faatkriegen en beten schwörer maakt. De Ticker mutt an en schwierige Stää ticken, tum Bispill an 'e Foot. Denn mutt de nie Ticker sik an'e Foot faten bi it Ticken.

En anner lichte Spill is „Ball in 'e Mütz“. All de Junges leggen se's Mützen in een Reeg an 'e Wand. Een Jung ward mit 'n Vers utmelt. So'n Vers is: „Ele mele mu, Hans sien Fru, dat bin ik nich, dat bist du.“ De Jung, de utmelt wurr, nimmt de Ball un versöcht, een to drapen. Wenn he een dröppt, so is de „an“ un mutt de Ball in een vun de Mützen schmieten. Wenn he keen dröppt, mutt he't nochmal versöken.

En anner eenfache Ballspill is dat Afblacken. Dör en Vers ward dor een bestimmt, de „an“ is. Denn schmitt em een vun de Junges de Ball to, un he mutt versöken, een to drapen. Wenn he een dreep, so weer de „an“, un so gung dat wieder.

As wi en beten öller wurrn, müchtern wi geern Överrönnen spelen. Över beide Ennen vun't Hoffplatz wurr en Strek trukken. Dat weern de Maalstreken. Dör en Vers wurr een bestimmt, de „an“ weer. De Spelers leepen nu hen un her, vun de eene Maalstrek to de anner. De „an“ weer, müsster nu een griepen. Wenn he een kreeg, so müsstern se sik beide anfaten un mehr griepen. Twee un twee fatern sik ümmer an. Wenn se all grepen weern, weer dat Spill to Enns. Mirrn twischen de Maalstreken weer up jeder Siet vun'e Platz en lütte Kreis trukken. Spelers, de sik in een vun disse Maalen afstellten un „Pax“ (lat. Friede) prahlten, dorm nich grepen warrn. Wer toletzt frie bleev, weer bi dat neechste Spill „an“.

Unse schönste Spill weer „Tax bi lax“. Ik heff öfters doröver nadacht, wat dit Wort wull bedüden kunn, heff aver keen Erklärung funnen. Ik bin nu övertüügt, dat it blots en Spill mit Bookstaben is. Dat gifft dat in't Plattdütsche veel, t.B. „Ele mele mink mank, pink pank.“ Dör en Vers ward wedder de bestimmt, de „an“ is. He mutt de Ogen todecken un bet to en bestimmte Tall tellen. Bides versteken sik de annern. Wenn de, de „an“ is, een sücht, geiht he torüch na dat Maal, kloppt an un prahlt „Tax bi lax“ un de Naam vun de, de he sehn hett. Wenn en Speler, ohne sehn to warrn, an it Maal kamen kann, prahlt he uk „Tax bi lax“ un is denn frie. De erste, de aftaxt weer, is bi't neechste Spill „an.“

Dit sünd Spele, de jeder kann. Dat gifft aver uk en ganse Reeg Spele, de man öövt hemm mutt, wenn man mitspelen will. Disse Spele richtern sick na de Johrstiet.

Wenn dat in 'e Harvst un Winter koold un rusig (rauh, regnerisch; dä) weer, seeten wi in 'e Stuuv un spelern mit unse Speeltüg, oder wi lesern de Billerbaagen vun Neuruppin, de wi vun Tande Tidi kreegen. Dat weern lütte Geschichten mit bunte Biller, ungefähr as hüt to Daags de Comics. As wi grötter weern, lesern wi uk Bökers, de wi ut de Schoolbibliothek mitbröchtern. De School kreeg dorför keen Geld vun de Gemeen. De Lehrers legtern uns an't Hart, dat wi, wenn wi in en anner Klass keemen oder kunfermeert wurrn, denn en Book för de Bibliothek stiften deen. Dat weern denn natürlich Böker na unse Geschmack. De Deerns schenkern Heidi- un Gritliböker vun Johanna Spyri. Wi Junges geeven Indianerböker, Seefohrer- un Kolonialgeschichten, Geschichten vun 'e Burenkrieg, de noch nich lang vörbi weer. Wi lesern natürlich uk de Heften ut 'e Mapp, de Vadder höller: Woche, Gartenlaube, Über Land und Meer, Fliegende Blätter, Simplicissimus usw.

1912 kreeg ik to Wiehnachten en Würfelspeel vun de Kronprins sien Reis na Indien. En gans ole Speeltüg in Angeln weer dat Ningelspeel. Dat weer en gans eenfache Roulettespeel. As Geld harrn wi Peerdebohnen. As wi öller wurrn, spelern wi uk Möhl un Damm. Wenn alle Strängen reeten, spelern wi uk mal Korten, eers „Schwatte Peter", später „Sössunsösstig". Dor makern wi uns aver nich so veel ut.

Wenn denn dat Fröhjohr keem un de Bargen grön wurrn, gung dat in de Schoolpausen los mit Paalstick. Wi nennern dat Paulstick. Ik kunn to Huus so 'n Spill nich spelen. Aver ik harr dat namiddags hild un repareern mien Paalstick, de vörmidddags harr bös herholn müsst. Wi spikeleerten uns uk ümmer betere Modellen ut. De Holtkass, so heeter bi uns de Holtdutt, weer jo noch nich tweihaut. So harr ik'n grote Utwahl an Twiegen, wo ik en gude Paulstick ut maken kunn. Dat geev twee Möglichkeiten, en örndliche Paulstick uttoarbeiden: en schwore, dicke oder en lichte, schmiedige. En lichte, schmiedige Paulstick mit 'n lange Spitz gung deep in'e Eere un fedderte en harde Schlag ut. De weer nich so gau uttoschlaan. En schwore, dicke Paulstick schloog en anner een lichter ut de Eere un weer vun'n lichte Paulstick nich ut de Eere to kriegen. Dat beste weer, man harr twee, een schwore een un een lichte een. För en schwore een bruke man en armdicke Eek. En lichte

Paulstick kreeg man am besten ut en schlanke Schlehdorn. En gude Paulstick weer üm un bi 50 bet 60 Zentimeter lang.

Eenes guden Morgens keem en ganse Flock (Gruppe; dä.) vun Junges mit 'n Paulstick to School. Se harrn all teemlich eense (gleiche; dä.) Warktüg mit. De meiste frie Tiet harrn wi gliek dit Morgens, wiel wi all veel to fröh to School keemen. Jeder lett sien Paulstick bewunnern. Denn geiht it na 't Marktplatz, de Hauptspeelplatz för de Schoolkinner. Dat beste Stää is an 'e Königstraat lang. Dor weer de beste Grasnarf un de wenigsten Steen. Uk weer de Eere dor ümmer en beten fuchtig. De grote Junges spelen tosaam un de lütten uk. De meiste Tokiekers stahn natürlich bi de Groten. Eers ward de Reegenfolg utmelt mit 'n Vers. De eerste schmitt sien Paulstick mit de Spitz in 'e Eere. De steiht so liek as 'n Lich. Nu kümmt de tweede. He hett 'n gans lichte Paulstick. He versöcht liekers, de eerste ruttoschmieten. Dat glückt natürlich nich. Aver sien eegen steiht nu gans scheef un is man wat wackelig. Dat nützt de drütte gau ut. He haut mit sien Doorn, de en lange Spitz hett, vun ünner her de tweede ut de Eere. He sammelt de Verlorene up un sett 'n in. De hört nu em. För de neechste Rundgang sünd vun söven noch blots veer överbleven, aver dree vun de Junges hemm jeder twee Paulsticken. Na de letzte Rundgang blifft blots een Speler na un hett all de Paulsticken. Bi dat neechste Spill fangt jeder mit sien eegen wedder an. De eerste Speler is nu de, de sien Paulstick toeers verloren hett. Dat Paulstickspelen duert wecke Wuchen, denn geiht dat för ditt Johr langsam ut de Mood. De Holtdütt sünd uk uphaut.

Nu geiht it los mit Messerstick. Dor brukt man en Taschenmesser to, de sünst to nix wat döcht, so 'n richdige Parrensplitter (Froschspalter; dä.). De mutt aver en grote, schlanke Messer mit 'n Spitz hemm. Man kann blots spelen up en grasfrie Stück Land, dat frie vun Steen is. To en Spill hörn am besten veer Junges. Toeers ward en Kreis mit 'n Dörmeter vun üm un bi 60

Zentimeter up 'e Eere teekent. De ward dör en Krüz in veer eense Deele updeelt; jeder Jung kriggt en Deel. Denn kriggt mit en Vers jeder sien Nummer. Nummer een fangt an un schmitt dat Messer in sien Naver sien Deel mit 'e Spitz in'e Eere. Wenn dat Messer ümfallt, is de Wurf ungüldig, un de Speler is „af". Wenn it aver stahn blifft, treckt de Speler in 'e Richdung vun it Messer en Strek dör dat Land. Dat Stück na sien eegen Land hört nu em, un he wischt de Grensstrek ut. Dat Spill geiht wieder, bet he „af" is. Dat Gewinst behöllt he. Nu kümmt de neechste Speler an 'e Reeg. Wenn dat Restland vun een Speler lütter is as twee Fingern todecken könen, so is uk dat verfullen, un de Speler scheedt ut. Wenn een de ganse Kreis hett, so hett he dat Spill gewunnen. Bi 't neechste Spill is he de eerste.

Na de Sommerferien kümmt dat Bliestückspelen up. Vör mien Tiet wurr it richdig mit Bliestücken spelt. In de „ole gude Tiet" wurr nich geern Geld för Speelkraam utgeben. Domaals makern sik de Junges dat Speeltüg selm. De Säcke vun dat kopens Schrot weern mit 'n Blieplumb seker afschlaten, dat dor keeneen heemlich wat utnehmen kunn. Disse Plumben sammlern de Kinner fröher un spelern dormit. Unse Naverjung Hans Thordsen un ik wulln uns dor een Bliestück mit maken. Sien Vadder harr em vertellt, wodennig (wie; dä.) he as Jung dat maakt harr. As sien Öllern mal nich to Huus weern, makern wi Füer in it Heerd. Denn kreegen wi wecke vun de Blieklunkers up 'e Füerschüffel un höllern de över 't Füer. Na en Tietlang schmölder dat Blie. Wi gooten it in en Deckel vun en Wichsschachtel un leeten it afköhlen. Dat Bliestück weer wat ruuch un harr en scharve blikkern Kant. Wi wullen denn doch leewer unse Vadder üm en paar Grüschen fragen, dat wi jeder uns en Bliestück bi de Schmid maken laten kunnen. Dor weer denn uk nich wieder wat in 'e Weg. So 'n Bliestück weer en kreisrunne Stück Iesen,

ungefähr söven bis acht Millimeter dick un acht bis teihn Zentimeter in Dörmeter. Mien Bliestück koster acht Grüschen; dat weer vun Ehlers gans simpel maakt.
Dat geev twee Oorten un spelen Bliestück. Wenn man „Putt" spelen dee, müsster man in 'e Bahn en Lock maken, dat ungefähr en Dörmeter vun höchstens 20 Zentimeter harr. En veer bis fief Meter vun 'e Putt wurr en Strek över de Bahn trucken. De Speler, de „an" weer, steller sik achter de Strek un schmeet sien Bliestück so up 'e Bahn, dat it in Richtung up 'e Putt vörwarts glee. Wenn it in 'e Putt to liggen keem, kreeg he twee Knööp mit Löcker, oder een Knoop, de achter en Öösch harr, oder een Perlmuttknoop. Sölwerblanke Uniformknööp gulln söss un goldblanke Uniformknööp sogar twölf. Mit Tüg betruckene Knööp un linnen Wäscheknööp weern ungüldig. Wer bet up en Spann mit de Fingern an 'e Rand vun 'e Putt keem, kreeg een Knoop mit Löcker. Jeder Jung harr en Paas (Beutel; dä.) mit Knööp bi sik. Ik heff mitünner söss bis söven Dutz Knööp hatt.

Dat anner Bliestückspill heeter „an un Spann". Dat wurr ohne Putt speelt. Eersmal wurrn mit en Vers de Nummern vun de Spelers fastleggt. Eers speelt Nummer een sien Bliestück ut. Denn keem Nummer twee un versöchter, Nummer een sien Bliestück to drapen. Wenn dat glücker, kreeg he vun Nummer een twee Knööp. Wenn he blots bet up 'n Spann herankeem, kreeg he blots een Knoop. Bi ditt Spill geev dat noch twee gans seltene Möglichkeiten: Wenn de Speler sien Bliestück ünner de anner to liggen keem, kreeg he een Dutz, wenn it babenup to liggen keem, en halwe Dutz Knööp. Dat heff ik aver blots eenmal sehn.

Gans ähnlich gung uk dat Spill mit grote Glasmarmeln. Betalt wurr mit lütte, witte Marmeln. Dat wurr aver bi uns in 'e School wenig speelt.

Bilütten weern de Katüffelferien herankamen. De Eere fung an un wurr schietig. Na un na spelten wi „Eben un Uneben". Dat wurr mit Knööp speelt un weer meist en Glücksspill. De

Knööp harrn de selvige Wert as bi dat Bliestückspill, blots mit de Ünnerscheed, dat de blanke Uniformknööp keen Vördeel harrn. De eene Speler nehm ut sien Knooppaas wekke Knööp un höller se sien Partner in 'e dubbelde Fuust hen un frage: „Eben oder Uneben?“ Wenn de Mitspeler richdig raadt harr, kreeg he de Knööp. Wenn he verkehrt raadt harr, müsster he deselvige Antall betahln. Dat Glücksspill gung in 'e Winter mit dat Ningeln wieder.

En Ballspill, wat wi uk mit wenig Kinner spelen kunnen, weer Stahball. Een wurr utmelt un schmeet de Ball an 'e Wand. Sobald he 'n wedder in 'e Hand harr, prahler he: „Stah!“ Denn müsstern all de Mitspelers stahn blieben, un he kunn versöken un blacken een af. Wenn he een dreep, so weer he frie, un de anner müsster mit de Ball schmieten.

Bi Harvsdag spelern wi geern Trillen. De Trill (dä.) weer en runne Holtschief, de wi Junges vun en dicke Tellig (Ast; dä.) afsagen deen. Dor spelern twee Mann oder Mannschaften gegenenanner. Wer „an“ weer, nehm de Trill twischen de Duum un de Peekfinger (dä.) un schmeet 'n so, dat 'n lang de Eere rullen dee. De Gegenpartie versöchter, de Trill mit Stöcke möglichst bald antoholen. Vun dat Stää durf de tweede Mannschaft trillen.

Bi Winterdag weer dat mit dat Butenspelen nich recht wat. Ehr de Winter richdig losgung, weer dat meisttiet överall schietig. Sogar up it Hoffplatz leep een dat meist baben in 'e Holtschoh in. To Huus harrn wi ümmer Holtschoh an. Ümsüns schimpe Mudder: „Plöög doch nich ümmer dör de Schiet,“ wenn wi schietig bet över Ohrn to Huus keemen. Ik will hier een för alle Mal seggen, wat dat mit dat Wort „Schiet“ up sik hett. Eersmal is dat jeder Dreck ann'e Eere, wat ärgerlich is aver nich eklig. Wenn man „schietig“ seggt, is dat nich wieder schlimm; schlimm is et aver, wenn man schietig blifft. Wenn en

Minsch schlecht toweg is, denn is he schiet, un dat geiht em uk schiet. Wenn een seggen deit: „De verdreihte Schiet“ oder mienwegen uk „de verdammte Schiet“, so meent he dormit noch lang nich dat, wat dat Wort up Hochdütsch bedüüdt (bedeutet). Un wenn man seggt Kohschiet, Peere-schiet, Schwienschiet, Schaapschiet un Höhnerschiet, denn is dat nix Ekliges, denn is it man Miss, denn is dat wat Gudes, wo de Buer nich genug vun kriegen kann. Bi uns to Huus heet uk Kunstdünger Schiet, un dat is doch uk wat Gudes. Eklig is it blots, wenn man it mit „ä“ schrifft, un dat ward bi uns to Huus nich seggt.

Wenn de eerste Schnee fullen is, kümmt nie Leben in de Kinner. Ik kreeg de grote Schlerr mit de Sitz torecht, spanner Pluto vör un schlerr en lütte Tour. Wenn it denn mehr Schnee un en richdige Rüütschbahn geev, halern de Buern de Rüütsch herut [plattdä.: rüdse = Schlitten fahren]. Denn weer dat een Klingeln up 'e Straat. Domals müsstern de Peere, natürlich uk Pluto, Klingeln an 't Geschirr hemm bi 't Rüütschen. Wi harrn en Klingel mit dree Bronzeklocken. Aver, wat schlimm weer, wi harrn keen Rüütsch. Unse Homa müch för ehr Leben geern rüütschen. Aver Ri Thordsen weer Homa ehr Nichte. Se leenern uns geern se's Rüütsch. Denn wurr en örndlige Rundtour rüütscht, bet it düster wurr. Up de Tour freuten wi Kinner uns jeder Johr. Dor weer Stroh in 'e Rüütsch, dat wi keen kole Fööt kreegen. Homa un Vadder harrn se's Fööt in 'e Pelzfoottaschen. Noch feiner weern wi fohrn, wenn wi de Schwaanrüütsch (Schlitten in Gestalt eines Schwans) vun Unkel Karl in Süderbrarup, en Vetter vun Vadder, kriegen kunnen. Dat maker örnlich Ambraas (Aufsehen; französ. embarras).

Vadder rüütscher mit uns blots een Dag, aver wenn de Rüütschbahn liggen bleev, kunnen wi de anner Daagen Schlitter stahn. Denn dreeven wi uns de ganse Namiddag up 'e

Straat herüm. Wenn dor en Rüütsch keem, prahlten wi al vun wieden: „Schlitter stahn?“ De meiste Lüde nehmen uns mit. Denn leepen wi an 'e Siet vun 'e Rüütsch un sprungen up 'e Schlitters (Kufen). Wenn de Kutscher en junge Buss weer, maker he sik en Spaaß mit uns un fohrer an 'e Siet in 'e deepe Schnee. Denn kunnen wi uns nich holen un trümmlern (rollten; dä.) in 'e Siedengraaf. De nettste Mann weer de ole Preester vun Borne (Boren) mit sien Kutscher. He fohrer langsam, dat wi upspringen kunnen. Wenn wi Lütten bi uns harrn, höller he still, dat de Lütten upklarren kunnen. Wenn wi denn natt un dörfrorn to Huus keemen, harrn wi veel to vertellen. Aver bald fungen de Lütten an un weenern, denn de Hännen deen se weh bi it Updauen.

Wenn dat Frostweder nu bibleev, kunnen wi up it Ies kamen. So lang as wi lütt weern, gungen wi na Marquardsen se's Diek up it Ies. Ik gung gewiss noch garnich to School. De Diek weer dat gröttste Waterlock in 'e Ümgevung. Hier keemen uk anner Kinner her. Striedschoh [plattdä.: Stridsko = Schlittschuhe] heff ik in 'e eerste Johrn noch nich lopen kunnt, aver ik kunn peeken; en Peekschlerr harr ik; de harr de Raamaker maakt. Dat weer en lütte Schlerr, de in 'e Achterecken twee Klampen (Widerlager) harr, wo man de Fööt fast up henstellen kunn. De Jung, de peeken wull, steller sik mit de Fööt up 'e Klampen. De Peek (dä.), de dat Fissong (Fasson) vun en Bootshaak harr, nehm he twischen de Been un stötter sik vörwarts. Wenn man na rechts oder links stüern wull, drücker man de Peek up de eene oder anner Siet up dat Ies. De gans lütte Kinner versöchtern, up 't Ies to schurren. Wenn se tosamenstöten, falln se up it Ies, dat it man so dewwern (hallen) deit. Aver se stahn fröhlich wedder up un maken wieder. De Groten leepen Striedschoh un spelen Tick. Wenn dat Ies lang liggen bleev, stüerten de Groten up Dorheiten. Se schlogen in 'e Mitt vun 'e Diek en grote Pahl dör dat Ies in 'e Grund. Över de Pahl läh 'n se en lose Schleng vun en dicke Tau. An dat lose Enn bunnen se'n Peekschlerr. Dor settern se een vun de Lüttern up. Denn dreihten de anner Kinner de Schlerr ümm'e Pahl, ümmer duller, ümmer duller, bet dat Kind vun de Schlerr floog un wiet över dat Ies rutschen dee. Disse Hurrbahn (dä.) weer nich ungefährlich. Eenes guden Daags wickler dat Tau sik üm de Pahl un klemmer mien Duum in, so fast, dat ik 'n nich wedder utkriegen kunn. Dat dee grulig weh. Ik weer aver een vun de Lütten un bi de Groten nich gud ansehn. Ik weer so blöd (schüchtern), dat ik nix seggen much. Endlich wurrn de annern dor wies üm, höllern an un makern mi los.

As wi grötter wurrn un Striedschoh lopen kunnen, dörstern wi uk na Thossbarg up't Ies. Thossbarg (Thorsberg) weer en teemlig grote Moorsee un leeg an 'e Kant vun't Dörp na Norderbrarup hen. Dor maker dat Striedschohlopen eers richdig Spaaß. Dat weer för uns Royer Kinner meist en beten wiet weg, denn wi müsstern wenigstens en gude halve Stunn lopen. Dor heff ik tum eersten Mal Kunstlopen sehn. Dat dee mien Lehrer Jäger. Wi versöchtern natürlich un maken dat na, aver dat hett keener vun uns ferdigbröcht. Bi dat Striedschohlopen müsstern wi uppassen, denn dat geev dor warme Quellen, wo dat Ies nich so dick wurr. Jeder Johr wurr uk en grote Fläche afiest för de Meierie un de Beerverleger. Domals wurr noch alles köhlt mit Naturies. Dat geev en grote Wack (Loch; dä.) in dat Ies, dat nich ümmer wedder fast tofror.

As ik Kunfirmand weer (1916), gung unse Turnlehrer Stammer mal mit uns Junges vun de böwelste Klass na Thossbarg up it Ies. Wi höllern an dat Stää still, wo it dalgeiht na it Ies, un he lees uns nochmal de Kriegsartikeln över gude Bedrägen up it Ies vör. Dorbi bin ik gewiss en beten wiesmundig wesen. Up jeden Fall keem Stammer füünsch up mi to un wull mi een mit sien Handstock överrieten. Ik wohr mi en beten weg; un he dreep mit de Spitz vun sien Stock up 'e Frostknacheln. Knack, brook sien schöne Stock af. He verfehrer (entsetzte) sik un make, dat he wegkeem. Naher keem he hen to mi un dee Afbed, dat he mi so dull haut harr; dat harr he garnich so dull wullt. Dat gung mi so neech, dat ik nich seggt kreeg, dat he mi garnich richdig drapen harr. Stammer wurr bald Suldat un full an 'e Westfront. Ik denk noch öfters an em un doran, dat ik em wat schuldig bleben weer.

De grode Junges spelern up it Ies natürlich öftmal unklook un harrn dumme Flööt (Streiche) vör. Se schlogen dat dicke Ies to Schööln; denn leepen se vun een Schööl to de anner. Dat müsster gau gahn; denn de Schööln weern nich so groot, dat se en Minsch dregen kunnen. Dat keem nich selten vör, dat en Jung in 'e Kuhl Ihlkark (Blutegelsumpf; dä.), de gans dicht bi de School leeg, bi it Schöölnlopen wegsacken dee un de ganse Vörmiddag natt bet up it Fell in 'e School seet. Gefährlicher weer noch dat Boddern. Denn leepen de grote Junges Arm in Arm in Takt över 't Ies bet it möör wurr un in Wellen ünner de Junges gung. Ik heff dat uk mal up 'e Schooldiek in Düstern för mi selm versöcht, wiel de Groten mi nich mitlopen leeten. Ik brook natürlich in, un grade dat Stää, wo Schooster Schramm sien Schietwater un Ardel in 'e Diek lopen leet. Ik wull mi in 'e Schoosterstuuv drögen, aver de Gesell schmeet mi rut, wiel se de Gestank nich uthooln kunnen.

Schummerabend

In 'e Winter wurr dat fröh düster. De Klock bi de Buern gung uk noch en halve Stunn to fröh. In Düstern dorm wi nich mehr buten spelen. De Lamp wurr uk nich glieks anfengt. So kunnen wi uk binnen nich spelen. So geev dat ümmer en lange Schummerabend (Dämmerung). Dor weer dat gud, dat wi unse

Homa harrn. Se holp uns denn un verdrieben de Tiet. Een vun de Lütten harr se veelmals up it Schoot. Denn sung se mitünner een vun ehr ole Kinnerleeder.

Achter de Barg
bi Hopa sien Huus,
dor kamen de lütte Kinner
mit Stuten herut.
Dor schlachten se Schwien,
dor drinken se Wien,
dor schall de lütte Max
sien Hochtiet sien.

De Kuckuck un de Kiewitt,
de bottern up de Diek.
Dor keem en lütte Spree anfleegen,
de schmeeten se mit en grote Steen.
Au, au, mien eene Been,
au, au, mien anner Been.
Weer ik man to Huus bleven,
denn harr ik nich so 'n Wehdaag kreegen.

Hoppe, hoppe Möhle,
… sitt up 't Föhle,
… ritt up 'e bunte Koh,
… ritt up 'e Schwans bito.
Mit en Sack vull Weeten,
de Möller schall 't upgeeten.
Denn seggt de Möhl
rumbum rebum, rumbum rebum,
rumbum rebum.

Tieb, Tieb, Tieb, mien Höhneken,
wat makst du in mien Hoff?
Du plöckst mi all de Blomen af.
Du makst mi dat to groff.
Vadder schall di griepen
un Mudder schall di schlaan.
Tieb, Tieb, Tieb, mien Höhneken,
wo schall di dat wull gahn?

Eia pompeia,
wat rußelt in 't Stroh?
dat sünd de lütten Müseken,
de hemm jo keen Schoh.
De Schooster hett Leder,
keen Leesten dorto.
Un dorüm möten de Müseken
barfoot lopen in 't Stroh.

Anna Susanna,
stah up un böt Füer.
Ach nee, mien leeve Moder,
dat Holt is to düer.
Anna Susanna,
nu schüer mi de Grapen
un feg mi dat Huus.
Morgen kamen dree junge Gesellen in 't Huus.
Anna Susanna,
un könen se nich dansen,
so schöen ju 't se lehren
un schöen se's Steveln
mit Botter beschmeeren.

Bukoh vun Halberstadt,
Kumm un bring mien… wat.
Wat schall ik ehr bringen?
Schoh mit goldne Ringen,
dor kann se mit dansen un springen.
Saage, saage, alle Dage.
Ritsch ratsch, dör de Knast.
All dat Geld in sien Tasch.

Eia Brunnsuse,
wo wahnt Peter Kruse?
In 'e Rosmarienstraat,
wo all de lütten Kinner gaht.
Dor hest 'n Daler in 'e Hand.

Dor kanns för kopen Land un Sand,
Huus un Hoff, Peerd un Koh
un so 'n lielütte Mus dorto.

Hoppe, hoppe Reiter,
wenn er fällt, dann schreit er.
Fällt er in den Graben,
fressen ihn die Raben;
fällt er in den Sumpf,
dann macht der Reiter plums.

Backe, backe Kuchen,
der Bäcker hat gerufen:
Wer da will Kuchen backen,
der muss haben sieben Sachen:
Eier und Salz, Butter und Schmalz,
Milch und Mehl, Safran macht den Kuchen geel.

Meisttiet verteller se aver vun ehr Kindheit un ehr junge Johrn. Wenn in Schleswig wat los weer, fohrer se's Vadder mitünner mit se hen. Eenmal fohrern se to Schleswiger Markt. Vör seeten se's Vadder un en Naver, achter seeten de Kinner. Nu fung dat grulig an to regen, un de Kinner spannten de Schirms up. Ut dumme Tüg höllern de Deerns de Schirms so, dat de Mannslüüd dat Water in 'e Nack dalleep. Ehr Vadder schimpe up dat Wedder: „Ik bin al meist miegen dörnatt." Ehr Vadder weer uk mal mit de Kinner na Schleswig fohrn, as en Mörder schull richtet warrn. Homa kunn de Bewegung vun 'e Scharprichter namaken, as he de Verbreker mit dat Biel de Kopp afschlaan dee.

Ehr Vadder, de ole Jakob Hansen, maker överhaupt geern Spaaß up 'e Kosten vun annern. Abends geev dat mitünner braadte Kartüffeln. Wenn it denn up 'e Rest gung un jeder geern dat Letzte hemm wull, nehm he sien Schroo (Priem; dä.) ut de Westentasch, de he dar bi it Eten wohrt harr, un wische eenmal dormit üm de Pann herüm un sä: „De Rest is mien." Denn leeten em Fru un Kinner, Deensdeerns un Knechten geern de Pann.

In ehr junge Johrn weer Homa bi ehr Unkel un Tande Thiesen in Bremsdiek. Dat weer en grote Buerstell. Abends seeten de Familie un de Deenstboten tosamen in een Stuuv. As Licht harrn se en Praas (dä.), dat weer en eegenmaakte Talliglicht. Se weern denn all beschäftigt. Unkel dreihe selm Seelsträngen. Tante un de Deerns kratzten un spunnen de Wull un de Flass, un de Knechten schneen holten Lepeln, repereerten de Peerdegeschirrn oder makern sik sünst nützlich. Unkel weer süünig (dä.) un passer up dat Geld. As Homa dat eerstemal to Ball dorf, schenkern Unkel un Tante ehr 'n Paar nie Schoh. Se freuer sik up un fleegen dör de Saal up de nie Schoh mit de feine, glatte Sahln. Unkel schmeerer aver heemlich de Sahln mit Teer un bestreuer se mit Sand, dat de Sahln nich so gau dörschleten wurrn.

Homa verteller uk vun ehr Mutter. Ehr wurr vun se's Huusdokter ohne Betäubung up 'n Kökendisch dat eene Been afnahmen. De Kuhlengraver höller ehr bi. Se sprok uk öft över Verbrekers un Verbreken. Een vun de Lehmputten, dat weer en schlimme Verbrekerbande, gung in ehr Kinnertiet över de Dörper to beden. He harr ümmer en grote Mütz up un truk 'n gans in 'e Ogen. De Lüde schullen de Brenn (Brandzeichen) nich sehn, de de Tuchthüslers domals up 'e Vörkopp (Stirn) kreegen.

In ehr Kinnertiet wurr uk veel över en Buer schnackt, de en Geschäftsreisende afmörd hemm schull. As de Knech eenmal en Lock för 'n Pahl graven dee, keem dor en Dodenkopp mit swatte Haar vör 'n Dag. Dor keem de Buer anlopen un prahler: „Maak to, maak to, dat is 'n Pudelkopp."

Am meisten kreegen wi to hörn von Hopa, ehr Mann, de al 1879 an Krebs storven weer. As he noch gesund weer, schmöker he de ganse Dag, sogar bi it Plögen. De ole Radploog harr man een Steert un faten an. Denn harr Hopa een Hand frie un wohrn de Piep. De ole Rietsticken mit de Phosphorkopp reet he an an 'e Büx. Wenn Homa to Dörps (dä. Form) wull un halen wat bi de Höker, frager se Hopa: „Fritz, schall ik wat mitbringen to di?" He hett nümmer en anner Antwort geben as „Pund Tebak." Am leevsten muchen wi de Geschichte vun sien großordige Suldatenloopbahn hörn. Hopa weer 1864 Suldat bi de Dänen. As de Dänen sik torüchtrucken vun it Dannewerk na Düppel, wurr Hopa afsinns up 'e Krieg. As se up 'e Reterade (Retirade, Rückzug) dör Idstedt marscheern deen, setter Hopa sik achter en grote Heckpahl un leet de Dänen lopen. Nu keem em gaatlich to Pass, dat 'n Plünnenkirl vörbikeem. De fohr na 't Osten mit 'n Patschon frische Kalvsfelln. Hopa wurr sik mit de Kirl eenig, dat he mitfohrn durf. Hopa verkroop sik ünner de stinkige Kalvsfelln un keem bi Nacht na de Roy. He klopper an 't Schlaapstubenfinster un sä: „Christino, maak up." Homa wurr waken un prahler: „Fritz, bist du dat?“ All disse Geschichten un veel mehr wurrn ümmer wedder upwarmt.

Nu wurr it gau düster. In 't Süden seechern wi an 'e Himmel de Gleen (Lichtschein) vun Eckerför un Kiel. Vun 't Osten weern de Strahlen vun de Schienwerfers vun 'e Kriegsscheep to sehn. Mudder kümmt vun 't Melken. Wi freun uns, denn nu gifft dat bald Licht. Se schall sik blots gau ümtrecken un 'e Petroleumlamp putzen. Aver se maakt wenigstens de Abendör up. De Glöös vun 't Füer gifft doch en beten Licht. As se wedder rinkümmt, fraagt se noch eers: „Hemm se al Licht in Gürott (Güderott) un Kiesbykroog?“ „Al lang!“ kümmt dat vun uns. Nu kriegen wi uk Licht.

Homa harr veel vertellt; aver dat Wichtigste harr se för sik beholen. Dat kreegen wi eers to weeten in ehr allerletzte Johrn. As Hopa dot un se alleen weer, harr se as Verwalter un Huusholler en Mann hatt, över de wi al ümmer veel Gudes hört harrn. De heeter Fritz Dierkes (geschrieben: Dierksen). Se harrn sik wull mal drapen up Brarupmarkt, weern aver nümmer wedder tosaamkamen. Nu, wecke Johrn na de eerste Krieg, keem up 'n Sünndagnamiddag unvermodens Fritz Dierkes mit sien Fru, sien Söhn un sien Schwiegerdochter anfohrn. Dat geev en Barg Spaaß. Se keemen denn uk nochmal. As se affohrn deen, stunnen de beide ole Lüde Hand in Hand, un dat Water leep se lang de Backen. Dor wurrn wi Kinners eers klook üm, wat dat Schicksal se verwehrt harr, as Hopa vör sien Dood Homa harr verspreken laten, dat se nich wedder heiraten wull. Nu stunnen de beide ole Lüde dor. Beide weern över tachendig, un se's Leben gung to Enns, un se seechern sik tum letzten Maal. Dat Beste, wat se sik wünscht harrn, weer se verwehrt wurrn. Un wi weenern mit se. Wi hemm Hopa dat ümmer övel nahmen, wenn he uk 'n Grund harr. Sien Vadder weer uk fröh storven. Sien Mudder heirater denn en Handwerker in Schleswig, de aver sien Geschäft rungeneerer un sien Familie gänzlich verarmen leet. De Kinner müsstern to beden gahn. De ole Sandmann in Süderbrarup haler sien Enkel un maker em groot. Dat weer unse Hopa, de nu uk Homa un beide Kinner nalaten müsster.

Keninken

Ik heff ümmer Spaaß an hatt un gahn üm mit Tieren. Dat hett gewiss mit Keninken anfungen. De eerste Keninken kreeg ik in mien eerste Schooljohr. Ik weet noch, wo glücklich ik weer, as ik mit söss Gröschen in 'e Tasch un mit Homa ehr Deckelkorf to Dörps lopen dee, un halen mi en Paar junge Keninken. De kreeg ik bi Heine Marxen, de meist en bet mit uns verwandt weer. Ik weet noch, dat ik mit em Süden üm (dä. Form) it Huus gung, wo he sien Keninkenkasten stahn harr. He lange in 'e Kasten un geev mi en graue een in 'e Hänn. Ik wager meist nich un faten en an. Ik weer jo bang, ik dee 'n weh. Nu durf ik mi noch een utsöken. Se weern beide grau, eben as de Mudder. Ik setter se beide in it Heu in 'e Deckelkorf. Ik maker de Deckel to un steek en Pinn vör, dat se mi jo nich wegleepen. To Huus setter ik se in 'e Keninkenkasten, de Osten vör dat Backhuus stunn. De Kasten harr mi de Knech maakt. Aver de Freu dure nich lang. Pluto weer noch in sien Flegeljohrn un probeerer allns, ob dat uk schmecken dee. De Gös un de Duben harrn nich schlech schmeckt, wenn man vun de Knüppeln afseech, de sien Herr up em afhaut harr. Eenes guden Daags weer de Keninkenkasten dalreeten, dat Wier (Draht; dä.) indrückt, un de Keninken weern weg. De harr Pluto gud in sien Maag versteken. Nu weer hunnert un een ut. Wenn Pluto nich herümlopen harr mit so 'n schlechte Geweten, weer dat viellicht nümmer rutkamen, wo de Stackelskeninken bleeven weern. Nu kreeg Pluto sien Prügel, un ik blarder, so gud ik kunn. An un vör sik harrn wi Pluto de Keninken günnen kunnt; denn wi harrn se alle Mann nich eten.

Dat harr Jehann Meisterling, de vun 1902 bet 1904 bi uns Knech wesen weer, al eenmal versöcht. He harr sik uk 'n Keninkenkasten maakt un en Kenink insett. De ganse Sommer harr he Schwiendiezeln (Löwenzahn) plöckt un vun de schöne Keninkenbraden schwärmt. To Wiehnachtsabend schull de Stackelskenink (Stackel: Ärmster; dä.) vertehrt warrn. Meisterling müsster 'n natürlich doot maken; denn vun de Familie Simonsen harr noch keen jemals en veerbeenige Tier afmördt. Mudder truck 'n dat Fell af, neem 'n ut, spicker 'n un brader 'n. Se maker uk en Barg feine Schü (Sauce; frz. jus) un kaker Rotkohl. Denn schmeet se Doddi un mi to Bett. Denn decker se Disch mit Gurken un Kürbis un alle Mögligkeiten. Un denn keem de Braden up 'e Disch. Meisterling freuer sik un gniedel de Hännen. Aver Vadder, Mudder un Homa keeken blots scheef un röhrten nix an. Keninken itt man nich bet up de hüdige Dag. Von de Royers hett keen een Keninkenfleesch eten bet up Pluto. De anner Dag gung Meisterling mit de Kenink in 'e Korf to Huus in 't Koholt. Se hemm 'n eten, un dat hett fein schmeckt. Siet över söbentig Johrn lachen wi över unse Öllern un Homa, de vun de Disch upstahn sind, de mit 'n feine Eten deckt weer. Blots, „eten doon wi it nich."

So weer Pluto eenlich de Neechste to mien Keninken; aver de hett sik wull uk de Appetit veräkeln laten; de hett de Keninkenjagd nich wedder versöcht.

Ick heff uk naher meist ümmer Keninken hatt: witte Keninken mit rode Ogen, graue Belgische Riesen, schwatte un witte Wieners. Toletzt harr ik de tabaksbrune Havanna Keninken.

Vun 1912 bet 1914 harrn wi Stephan Greggersen as Knech. He buer mit uns an 'e Osterenn vun 't Backhuus en grote Lusthuus mit 'n dichte Dack. As wi dor nich mehr seeten, maker ik de Sieden dich un en Dör vör. In 'e Grund maker ik en

System vun Höhlen un leet de Keninken dor nu frie lopen. Dat weer, as ik de Havanna Keninken harr. Jungen kunn ik nich trecken; denn ik kunn keen Passers kriegen.

Mien Kinnertiet weer uk vörbi. Dat weer Krieg, un wi harrn keen Knech. Dor müsster ik düchdig helpen.

Fischen

In all unse Kuhlen geev it Fisch. Dat weern aver man Kruutschen (Karauschen). In dröge Sommern sacke dat Water, un de Köh kunnen it nich mehr langen. In en paar Koppeln harr dat Veh garkeen Dalgang na 't Water. Denn müsster dat Water upschlagen un in Ballichen gaten warrn. Bi dat Utdüppern keemen mitünner lütte Kruutschen mit in 'e Ammern. Wenn ik dat sehn dee, nehm ik en Korf, fischer se herut un setter se in en Inmaakglas. Mitünner harr ik uk Waterkäfers, Schnecken un Planten in 't Glas. Denn harr ik 'n Aquarium, as Unkel Heine för Frieda in Dahtfeld (Dollrottfeld) maakt harr. Jede Fröhjohr harr ik natürlich Eier vun Hoppetuutsen in it Glas un passe up, bet dor lütte Tuutsen ut wurrn. Ik wull jo aver uk mal grote Kruutschen hemm. De keemen aver nich so dicht an 'e Kant, dat se bi it Upschlagen mit rutkeemen. Denn bunn ik en ole Korf an en Stang un kunn dormit uk grote Kruutschen fangen. As in en gans dröge Sommer alle Kuhlen murrt (gereinigt) wurrn, fungen wi de Kruutschen rut un settern se in 'e Waterballichen bi de Köh, bet in 'e Kuhlen wedder Water weer. Mitünner, wenn ik en Helper harr, bunn ik an jeder Griff vun en Torfkorf en lange Tau un truck 'n dör de ganse Kuhl. Denn kreeg ik nich blots Kruutschen, denn kreeg ik uk Veerbeens (Molche) mit. Dat weer blots schaad, dat mien Gläser all so lütt weern.

As ik mal bi Vetter Hans in Gahtahft (Goltoft) to Besök weer, meener he uk mal, wi schullen mal fischen. Wi nehmen jeder en Schecht (langer, dünner Stock) un bunnen dor en Stück Segelband an. Dat weer alles. Denn gungen wi na de Dörpsdiek. De weer grön vun Entengrütt. Wi höllern dat Enn vun 't Band in 't Water. Dat durer man en Ogenblick, dor harrn wi uk al Biss. As wi dat Band rutnehmen, hung dor en lütte Fisch, de Hans Hundstachel nennen dee. De harr sik an 't Band fastbeten. As ik mien Büüt (Beute; dä.) in 'e Hand nehmen dee, leet ik glieks wedder los; denn de harr mi staken. Nu wüsster ik uk, worüm de Hundstachel heeten dee. Ik harr de dore Fisch noch nümmer sehn. As wi leed up dat Fischen wurrn, schmeeten wi se all wedder in 'e Diek. Ik maker mi nix ut de Hundstacheln. Se weern mi eenfach to lütt un to nixig. Ik müchter mien Kruutschen veel leever lieden. Wenn ik domals wüsst harr, wat de Hundstachel vun interessante Fisch is, harr ik wull wecken mitnahm un in unse Kuhlen sett. Twindig Johr später heff ik se in en Aquarium hatt un Jungen kriegen laten.

Wi kreegen bi uns to Huus nich selten Fisch to eten: gröne un rökerde Herings, Dösch, Goldbütt, Giepen (Hornhecht) un Aalkoin (Aalquappen; dä.), wo de Fischfru ut Kappel mit keem. De Fisch keemen ut de Schlie un de Ostsee. Dat man uk in Kuhlen un Beken Fisch to eten fangen kunn, dat wüsster ik domals noch nich. Vun sun Fisch harr ik nümmer hört; ik kenner ja blots Hundstacheln un Kruutschen.

1908 kreegen wi en lütte Broder, dat weer Max, de naher grötter weer as wi all. Wiel Homa dat Upwohrn (Pflege der Kranken, besonders der Wöchnerinnen) un de Süssel (Hausarbeiten; dä.) alleen nich maken kunn, keem Fru Andersen to Hülp. Se wahner bi Homa ehr Schwester, Tande Dohrs, in 't Dörp. Fru Andersen harr en grote Jung. He weer so bummelig veertein Johr un keem mit up un eet bi uns. De grote Jung wüsster wull nich recht, wat he mit uns lütte Kröten anfangen schull. To speelen weer ik em wull to lütt. He meener, ob wi nich in 'e Au (Oxbek) fischen schulln. Ik weer toeers nich so gans dull dorna; denn ik harr in 'e School hört, dat sik an 'e Au de Norderbraruper mit de Süderbraruper Junges ümmer dorüm prügeln deen, wer in 'e Au fischen durv. Dor wull ik mit mien acht Johr jo nich geern mank. He kreeg mi aver doch breetschlagen, dat ik mitgung.

Wi nehmen jeder en Bohnenstang up 'e Nack, denn gung 't los. He sä, wi schulln Häk (Hecht) schneern; dor brukern wi Blomenwier to. Wi müsstern also mirrn dör 't Dörp un kopen bi de Höker dünne Wier. Denn marscheerten wi lang de Straat na Norderbrarup to. Bi de Norderbraruper Brüch klarrten wi dal an 'e Au. Wi gungen an it Water lang un keeken na Fisch ut. Dat dure uk nich lang, dor seechern wi en Häk stahn. Andersen harr al sien Schneer (Schlinge) torechmaakt. He versöchter un schuven de Schneer över de Häk. Dat müsster so sinnig maakt warrn, dat de Häk nix seecher un nix föhler. As de Schneer mirrn üm de Häk weer, reet Andersen de up eenmal hoch. Aver dat Wier harr wull nich hart noog schnerpt (zusammengezogen; dä.); de Fisch keem los un full in 't Water torüch. Nu seecher ik en Häk stahn. De weer ungefähr een Foot lang. Aver de harr mien Schneer wull kamen sehn; up jeden Fall wietscher de weg. Wi gungen wieder an 'e Bek lang. Aver dat wull uns nich rech glücken. Wi seechern wenig Häk stahn; de meisten weern in Bewegung, un dat kunn uns jo nix nützen. Dor fung Andersen an un purren ünner de Kant. Dat dure uk nich lang, dor keemen dor 'n paar Aalkoin herutscheeten. En Ogenblick leegen se still up 'e Grund, dor harrn wi uk al jeder een in 'e Schneer. Dat weer uk de ganse Büüt, de wi an de Namiddag kriegen deen. Ik harr 'n teemlig simple Parrnsplitter in 'e Tasch; aver dormit in de lebennige Fisch steken, dat kunn ik nich. Aver Andersen kunn. So gungen wi beide to Huus, jeder na sien to Huus.

As ik mit mien Fisch, de weer höchstens dubbelt so lang as mien lütte Fingern, to Huus keem, weer Mudder upstahn ut it Wochenbett. Ehr eerste Arbeit weer nu un braden mi mien Fisch. Ik gloov, de hett mi nich mal schmeckt. As de lütte Fisch in 'e Au schwimmen dee, harr 'n veel beter utsehn as nu up 'e Teller.

Ik heff in mien Leben öftmal Fisch fungen. Ik heff veele Johrn Aquarien hatt, eenmal twölf Seewateraquarien up eenmal. Ik heff aver nich eenmal ferdigbröcht, en Fisch doottomaken. Ik heff dorüm nümmer fischt mit en Angel oder en Lyster (Aalstecher; dä.).

De Jung schmökt!

Vadder hett öft vun sien Vetter Carl Ludwig August Möller in Süderbrarup vertellt, dat he fröh anfungen harr un schmöken. Sien Vadder, Ludwig Möller, schmöker de ganse Dag. Un wenn he mal de Piep ut de Hand lä, passer sien lütte Söhn up, dat he de Piep in 'e Fingern kreeg. Vadder sä ümmer, he harr as Kind selm sehn, dat sien Vetter kräftig paffen dee. He gung noch in Kleed (die Jungen gingen damals bis zu vier Jahren in einem Kleid) un kunn de Piep noch nich richdig dregen; de schleper he lang de Dääl achterna.

Ob mien Vadder, he weer domals al wecke Johrn öller, dat hett to Lehr nahmen, weet ik nich. Up jeden Fall hett he uk al schmökt ehr he to School kamen dee. He verteller öftmal en Stück dorvun. Eenmal weern sien Öllern beide utgahn. Vadder un sien Schwester, de wi später Tande Tidi nennern, weern alleen un wohrten Huus. Tidi leeg in 'e Kinnerwaag un schrier Mord. Vadder harr Füer up 'e Piep un schumpler de Waag. Dat Lüttje gefull dat nich un schrier ümmer duller. De Jung wüsster sik keen Raat; denn kümmt he doran to denken: „Viellich will se mal en Suug ut 'e Piep hemm.“ He stickt ehr de Piepenspitz in 'e Mund. Dorbi kümmt de Schwammdoos (Sammelgefäß für den Saft an der langen Pfeife) to hoch, un de bittere Saft kümmt de lütte Deern in 'e Mund. Nu schriet se sik meist weg. Tum Glück kamen in dat Ogenblick de Öllern to Huus un bringen ehr to Ruh. Man gut, dat se dorvun keen Schaden hatt hett.

En anner Mal weer Vadder gans alleen to Huus. He fenger (zündete) sik een vun sien Vadder sien Piepen un lä sik gans stillvergnögt in 't Stuvenfinster un keek ut. An 't Huus gung doomals noch de Karkenstieg vörbi. Dor keemen up en Warkeldag nich veelen lang, aver an de Dag keem dor een an, en ole Mann mit 'n witte Vullbaart. „De schall sik doch mal wunnern, wat ik al schmöken kann,“ dachder Vadder un qualmer all, wat he kunn. De ole Mann keek över de böken Tuun un seggt: „Gu'n Dag.“ Vadder pustet de Rook vun sik un seggt uk gans höflich: „Gu'n Dag.“ Bautz, bleev de ole Mann stahn un sä: „Jung, du schmökst jo, wisst (willst) du dat wull nalaten!“ Vadder bleev gans ruhig un sä: „Ik bin gans alleen un schall Huus wohrn, un keen hett mi wat to seggen .“ „Na, dat schasst du bald mal wies warrn,“ sä de Mann un gung wieder.

Na wecke Daag weer de 1. Mai (in früherer Zeit bei uns Einschulungsdatum), un Vadder schull to School. Dat eerste Mal bröchter Mudder em hen. As se bi de School ankeemen, sä se: „So, mien Jung, nu gah man rin, un sie nich bang; de eerste Dag hemm se keen Stock.“ Dormit gung se. Vadder gung gans welig (kühn) rin. As he sik in 'e Klass ümsehn deit, seeten dor al wecke Kinner mehr. As de junge Schoolmeister sien Naam upschrifft, geiht de Dör nochmal up, un rin kümmt de ole Mann mit de witte Baart. Dat weer de Köster. De gung pielliek up Vadder to un froog em: „Wer hett denn wull hier to seggen?“ „Du,“ sä Vadder un maker dat he wegkeem.

So heff ik dat Schmöken jo wull arvt; denn ik heff uk al schmökt, ehr ik to School keem. Vun 1904 bet 1907 harrn wi en Knech, de heeter Willam Bollmann. He weer mit sien Familie ut Preußen kamen. De Vadder weer dot, un de Mudder leever in teemlige Armut bi ehr Dochter. De ganse Familie rupper Willam sien Lohn weg. Wenn he mitünner mal Lust harr un schmöken, sä he to mi: „Haal mi mal en Sigarr ut dien Vadder sien Kist." Domals köffter man Sigarrn in Kisten to hunnert Stück. Dor full dat nich up, wenn dor mal en butenbi gung. To Belohnung durf ik denn uk mal sugen. Un na un na nehm ik mi denn selm uk 'n Sigarr mit un schmöker up mien eegen Hand. Ik heff as Kind ümmer Sigarrn schmökt; denn Geld to Sigaretten harr ik nich. Un dat is mi all mien Daag nich infullen, een vun Vadder sien fief Piepen to bruken, de an dat Piepenbrett hangen deen.

Vetter Hans Gahtaft durf to Huus schmöken. Wenn Doddi un ik in 'e Ferien in Gahtaft (Goltoft) weern, kunnen wi mit gude Geweeten Sigaretten to 'n Penning schmöken. De Johrn vergungen, un dat weer nümmer rutkamen, dat ik schmöken dee. Dorüm weer mi dat uk nümmer verbaden worrn, aver ik wüsster jo, dat ik dat nich durf. Aver eenes guden Dages schloog dat dal (schlug der Blitz ein). Ik weer al een teemlig wehrige (kräftig) Jung. Dat weer in 'e Sommerferien glieks na Brarupmarkt, un Hans Gahtaft weer bi uns. Wi harrn grade een vun sien Sigaretten schmökt. Vörher harr ik mit Pluto en Sack Schrot vun 'e Möhl haalt un keem nu rin un wull mien dägliche Tüg antrecken. Mudder weer in 'e Köök un harr Brunbeer bruut. Se frage mi: „Na, mien Jung, bist du al wedder dor? Du bist gewiss dösstig, wisst du en Mundvull Brunbeer drinken?" Dor klingler bi mi de Wecker: „Blots nich so dicht ran, Mudder hett so 'n scharpe Näs!" Aver se leet keen Rand: „Kumm man, mien Jung, dat schmeckt fein." Se nödige so lang, bet ik nich anners kunn. Ik gung tesig (zögernd; dä.) neeger; aver dor gung dat Unweder los: Mudder schnoof eenmal gans kort up: „Jung, du hest jo schmökt!“ Un denn leep se rut na de Kuppel bi Hoffmanns un prahler na Vadder: „Heine, de Jung hett schmökt!“ „Wat seggst du, de Jung hett schmökt?“ Denn setter he uk al de Holtschoh in Draff to Huus. Hier weer bides al en Barg passeert. Hans Gahtaft leep, as he Mudder herutrönnen seecher, in sien Angst na 't Afnehm to Homa. He harr jo uk schmökt un weer nu bang vör 'n natte Johr. Aver för em seech Homa keen Gefohr. Ik weer jo in grote Not. Se steeg in ehr Holtschoh un denn rut up it Hoffplatz. Hen to mi, un in ehr Angst geev se mi en gefährliche Raat: „Ach, mien Jung, loop doch, loop doch!“ Dat hörer mien Vadder, de üm de Schüüneck wetten keem un mi de Weg na 't Stratenheck dallopen seech. He hen vör sien Mudder: „Sall de Jung vör mi weglopen?“ Homa wull de Niesterkopp (Jähzornigen; dä.) beruhigen un sä: „Ach, Heine, wenn du schlaan wisst, schlaa mi man un laat dat Kind lopen.“ Aver de dore Tuusch düchter em nix üm. „Dat Kind“ weer bides al en Enn weglopen un lurer nu af, wodennig dat wiedergahn schull; denn en Schwortfull lohner dat Weglopen nich. So keem ik wedder torüch.

Nu stunn de Hunnenwaag mit de Sack Schrot so gaatlich dor. Vadder schmeet mi över de Schrotsack, Mudder höller mi bi, un Vadder verjackser mi. Ik schrier himmelhoch un spalker (stoßen; dä.) mit de grote Holtschoh in 'e Luft herüm. Aver ohne Wehdaag; denn Vadder harr in 'e Hast blots en paar utdröögde Schechten faatkregen. De broken em in 'e Hand intwei, dat de Splinten flogen (Splint = Splitter; dä.). He sammler de Stücken ümmer wedder up; aver schließlich harr he blots luter Brocken in 'e Hand un steek dat Geschäft up.

Ik wunner mi aver hüdigen Daags noch, dat mien Öllern so 'n Stehoi (Lärm; dä.) maken deen bi en Saak, de bestimmt in jeder Familie vörkümmt. Wi weern uk garkeen Prügeln gewohnt. Wenn 't nödig dee, geev it mal een achter de Ohrn, dat weer aver uk allens. Dat hett se uk nix nützt, ik heff wiederschmökt. Schließlich gung ik aver doch bald to de Piep över. Eers maker ik mi en Piep mit 'n Kopp ut Fleederbeernholt; denn köffter ik mi en Kalkpiep to 'n Gröschen up Brarupmarkt. Eben ehr ik ut 'e School keem, kreeg ik en feine lütte Piep ut gude Holt. Dat nützer man nich veel mehr; dat weer Krieg, un dat geev keen Toback. Ik bin nümmer en grote Schmöker worrn.

Mien Pluto

Man list öftmals, dat en Hund to eben so 'n grote Ansehn kamen is as en Minsch. So 'n Hund weer uk unse Pluto. Sien Mudder weer en grote Ulmer Dogg, de harr de Mannsnaam Jack. Tande Dora, en Schwester vun Mudder, seet in 't Büro vun de Koopmann Blöcker in Süderbrarup. He harr en riesengrote Niefundländer. De weer pickenschwatt. Nu wull Vadder geern mal Welpen trecken vun unse Jack as Mudder un Blöcker sien Olaf as Vadder. Up 'n Sünndag keem Tande Dora mit Olaf to Besök. De beide Hunnen wurrn in 'e Schwienstall tosamen insperrt. Un richdig, dat glücker; na 'n Tietlang kreeg Jack Welpen. Wecken weern brun as de Mudder un wecken schwatt as de Vadder. Jack leeg mit de ganse Tucht in 't Schuer vör de beste Waag. Ik kann mi gud besinnen, dat wi nich alleen hengahn dorm; denn 'n Tiff (Hündin) mit Welpen is mitünner bösordig. Aver eenes guden Dages kunn ik mi doch nich holen, ik bin viellich 'n fief, söss Johr wesen. Ik maker de Dör up un wull de lütte Welpen kloppen (streicheln). Unvermodens maker de ole Jack en Gebrüll un gung up mi dal. Ik maker gau, dat ik rutkeem. Aver mit de Tiet wurr Jack wat sinniger; so kunnen wi mit de lütte Welpen spelen. De gröttste mit de gröffste Knaken söchter Vadder ut för

Geschwister Simonsen ca. 1919
Fritz, Thea, Doddi, Max, vorne Gretchen und Heini mit Hund Pluto

uns. De weer ebenso pickschwatt as de Vadder. Gottseidank harr 'n nich so lange Haar, wenn se uk länger weern as bi de meiste Hunnen. Vadder sä, „De schall Pluto heeten." Dat Welp wurr en gräsig grote Hund.

In sien Jugend maker 'n uk dumme Tüg. Vör allen Dingen möch 'n geern Göös. Wenn bi Harvstdag up dat Överschwemmte Göös schwummen, weer 'n achter se. De hett uk mal een dootbeten. Noch meist schlimmer weer in Vadder sien Ogen, dat 'n uk achter de Duben weer. Vadder much geern Duben un anner Geflügel lieden, un wo he schmucke oder merkwürdige Duben seech, versöchter he, Jungen to kopen. So kreeg he mal in Gahtoft (Goltoft) bi de Buer Niels Agger wecke Römerduben. De weern ungefähr mal so groot as annern. De gröttste vun se all nennern wi Niels; de weer Vadder sien ganse Freu. Leider much Pluto Niels uk am leevsten lieden. Eenes guden Daags seech Vadder, dat Pluto Niels ünner de Vörfööt harr un bi weer, de to ruppen. De ganse Rüch weer al kaahl. Dat seech rein elst (eklig; dä.) ut. Nu harr Pluto bi Vadder aver utspeelt. Vadder leep ut de Kohstalldör un drauer, dat he de Hund dootschlaan wull. Ik seech em noch, dat he vörbi an de Schüün na de Klüterkamer schreven (schreiten) dee un en Biel halen wull. Wi Kinner leepen achteran un beden üm Plutos Leben. Dat harr gar nich nödig daan; denn Vadder kunn nich mal en Hähn schlachten. He wurr denn uk gau afsinns. Pluto bleev leven, un Niels sien Feddern wussen bald na. Dat 'n uk Keninken much, wüsstern wi jo.

Aver schlimmer weer, dat 'n strieker (trieb sich herum) un greep sik wull uk dann un wann en Haas. De Jägers drauten al ümmer, dat se 'n dotscheten wulln, wenn se 'n mal faatkriegen deen. So hulp dat nix, Pluto müsst sien Mannborkeit verleern. Vadder gung mit 'n na de Tierarzt un leet 'n utschnieden (kastrieren). Eenlich vertellt man so watt wull nich vun sien beste Fründ, aver dor wo Pluto is, verdenkt he mi dat wull nich mehr. Nu wull ik aver schrieven, worüm de Överschrift „Mien Pluto“ heet. Wi harrn nu en Riesenhund, meist so hoch as de Disch. Nu sull 'n sik uk nützlich maken un de Melk to Huus bringen. Dat müsstern de Hunnen bi de Braruper Buern uk all. Aver de tweeröderige Handwaag, de Vadder bi de Raamaker maken leet, weer rieklich plump un schwor utfullen. Dor keem uns dat Glück to Hülp. Karl Stemmelsheck, de fröher up Stemmelsheck en Besitz hatt harr, harr nu en lütte Kaat in 'e Malerstraat, de vun de Royer Straat afgeiht. He harr sik uk en Waag maken laten för dat Melkfohrn. De harr aver veer Röder, un dorüm weer dat Ümkehrn ümständlich. Up jeden Fall, as se mal tosaam in 'e Kroog sitten deen, tuuschten se beide Wagens. Unse Knech truck nu af mit unse plumpe Handwaag un keem wedder an mit de Waag vun Karl Stemmelsheck. As ik de nie Waag seech, freuer ik mi as 'n Stint. De Waag weer in jeder enkelte Deel buut as 'n Kastenwaag för 'n Peerd. Sogar en Kluftdiezel (Einspännerdeichsel) harr de Raamaker makt.

Nu sull de Hund denn inspannt warrn. Pluto kreeg en Seel (Sielengeschirr) över de Ohrn un wurr in de Kluftstangen spannt. Wi harrn domals en Knech, de heeter Bollmann. He geev sik veel mit uns Kinner af un hulp mi nu uk un lehrn Pluto to, dat 'n vör de Waag gung as 'n Peerd. Ik seet up it Sittbrett, mit Lei un Pietsch in 'e Hand. Pluto gung in Schritt un Draff, na rechts un links, all as wo ik henstüern dee. Ik kreeg nu veel to doon, ik haler nu Hökerworen, bröchter dat Brootkorn to Mahlen na de Möhl, haler uk mitünner en Anker Beer bi de Bruer in Norderbrarup. Mitünner besöchtern Doddi, Thea un ik Hopa in Dollrottfeld. Af un an makern de Naversöhn Hans Thordsen un ik sünndags en Rundtour dör de Ümgebung. He harr se's Hund uk tolehrt. Sien Hund un uk sien Waag weern aver veel lütter as mien. Wenn Pluto in 'e Waag gung, kümmerer 'n sik nich üm anner Hunnen. Blots eenmal vergeet 'n sik. Ik fohrer mit mien Broder Max, de domals wull 'n dree, veer Johr weer, na Hopa Dahtfeld. He wahner in 't Afnehmshuus bi Hanne Marxen, de Jacob Mau sien Besitz pachtet harr. Hanne Marxen harr en grote Ulmer Dogg. As wi nu affohrn deen, keem de Dogg mit een Gebell herutsusen un wull Pluto an 't Fell. Dat keem Pluto unvermodens. De stunn in 'e Diezel un kunn sik nich rippen un nich röhren. De maker en Satz un wull de Dogg afmörn. De Waag floog in 'e Siedengraav. Dor glee de Dogg af un maker, dat 'n wegkeem. Aver mien lütte Broder Max weer ut de Waag kippt un schloog mit de Kopp up it Rad. He kreeg en deepe Lock in 'e Kopp un blötter teemlich. Aver dat weer doch noch mal gud gahn. De Narf hett he aver sien ganse Tiets Leben beholn.

Männig Lüd harrn se's Spaaß, wenn se mi ankamen seechern. Aver een Minsch geev dat, de dat petu (partout) nich hemm wull. Dat weer de bövelste Schandarm vun Schleswig. Ik gloov, he heeter Engel, he weer aver en Düwel, meener ik. Unse ole Schandarm Saußen harr al mal seggt, dat wi gud Acht geben sulln up Engel; denn en Hund dörster keen schwore Lasten trecken. Aver eenmal müsster dat doch mallöörn. Ik weer in Norderbrarup wesen un fohrer nu dör de Bahnhofstraat to Huus. Dor seech ik al de grote Engel in sien lange sölvergraue Mantel mi in 'e Mööt (entgegen; dä.) kamen. He bleev stahn un wull mi anholen. Aver ik stürer Pluto em an 'e Näs vörbi links af dör de Bismarckstraat un seech to, dat ik wegkeem. De Schandarm keem noch üm 'e Eck lopen, aver he geev doch gau up.

Ik heff mit Pluto gewiss söven, acht Johr fohrn. De is storven, as ik vun to Huus weg weer. Vadder hett wecke Daag dat Eten nich schmeckt, un wi annern hemm uk truert. Dat is sösstig, söbentig Johr her, aver noch is Pluto nich vergeten.

As Andenken an Fanny

Fanny weer keen Fru, dat weer en Peerd. Dat weer dat Peerd, dat unse Kindheit utfüllt hett, wenigstens vun uns öllere Geschwistern Doddi, Thea, Max un mi. De anner Peere hemm wi nich so lang hatt. Dat eerste Peerd, wat de Öllsten vun uns överhaupt kennt hemm, weer uk en Fanny un weer uk schwatt. De harr en ärgerliche Fehler, de harr en Speckhals. De böwelste Rand weer so hoch un dick, dat 'n sik nich liekup holen kunn un sik na de Siet lä. Dat weer en Schönheitsfehler, keen Gebruksfehler. Schlimmer weer, dat 'n naher ümmer lahmen dee. De kreeg „Strahlenfäule" in 'e rechte Achterfoot. De

Tierarzt hett veel versöcht, kunn aver nich helpen. Toletzt versöchtern se dat mit Blauglitzensteen (Kupfervitriol). Dat nützer aver uk nix. So müsster Fanny noch en Faahl uptrecken. As dat twee Johr weer, wurr 't verköfft, un Fanny gung an 't Gill (Versicherung der Bauern auf Gegenseitigkeit). Dat weer en schwore Schlag; denn en nie Peerd koster üm un bi dusend Mark.

Thea, Pluto, Doddi, Fritz, Heini, Max, Heinrich, Maria davor sitzend Gretchen und Christine („Homa") Simonsen im Hof Süderbrarup-Roy, ca. 1918

Denn kreegen wi en langbeenige hellbrune Hannoveraner. Dat weer aver en Dörbrenner un müss wedder verköfft warrn. Denn keem endlich unse Fanny. De weer knitterschwatt un harr nich een witte Haar. Dat is dat Peerd, dat wi öllere Geschwistern nich vergeten. Dat weer en selten schmucke Holsteener mit en gans herrliche Gang. In veele Deelen harr 'n sien eegen Kopp. Wi hemm 'n gewiss tein Johr hatt, de hett aver in all de Tiet nich lehrt un gahn vernünftig an en Melkbritts (Tisch für die Milchkannen; dä.) mit Kannen heran. Aver wo wi keemen, keeken de Lüde na unse schöne Peerd mit sien feine Gang. All de Fohrten, de wi mit unse Öllern maakt hemm, makern wi mit unse Fanny, na Süderbrarup un Norderbrarup, na Rahmkark (Rabenkirchen) un na Kappel (Kappeln), na Gahtaft un na Ulsnisland, na Dahtfeld un na Lindaunis, all wat wi sehn hemm, verdanken wi eersmal unse Öllern, denn aver uk unse Fanny.

Un denn keem de Krieg, un Fanny wurr trucken as Stangenpeerd vör de Kanonen. Eegentlich weer 'n al to oold, aver so 'n Peerd kunn man uk bruken, wenn it eegentlich to oold weer. Ob wi dat hört hemm, oder ob ik dat dröömt heff: in 'e grote Schlacht an 'e Somme is Fanny fullen. Ob 'n in 'e allerletzte Not wull nochmal an to Huus in 'e Roy dacht hett?

Bi richdige Buern hett en Peerd meist ebenso veel Ansehen as 'n Minsch. In unse Dörp un in de Dörper rundüm sind de Peere meist ebenso bekannt as se's Herr. Hanne Vollersen sien Voss un Thordsen se's Alex, Jacob Marquardsen sien Griesmähn un Unkel Schulz sien Schimmel, Jacob Matthies sien Anna un Jehannes Nissen sien Steertendrägers sünd ebenso gud mien leeve Bekannten as se's Herrn. En Buer ohne Peerd is gaarkeen Buer.

Brarupmarkt

Brarupmarkt geev sik an al wiet vörut. Wer an 'e Straat oder an en Footstieg wahnen dee, klipper in gans Angeln de Tuun un maker de Hoff fein torecht. De Kinner kreegen nie Tüg un Schoh. De Mannslüde köfftern sik en nie Strohhot oder en Panama, wenn dat Geld recken dee. De Fruunslüde kreegen en nie Sunnenschirm. Se gungen al lang, wenn se buten wat to doon harrn, mit 'n Schlappenhoot. Dat weer en Kapotthoot mit „Stiebers“ (Drahtstäbe), de de Sunn wiet vun 't Gesicht afholn dee; denn domals weer brune Hut nich fein. De Buern keeken al ümmer wedder över na se's Löpers (junge Schweine). De sulln as Sültfarkens to „Brarup“ en gude Pries bringen. De Kinner spaarten al lang jede Gröschen to Brarupsgeld.

Aver eenes guden Morgens gifft dat en Hurrah in 'e School! De eerste Güterzug mit Marktwagens steiht up 'e Bahnhoff. Un richdig, mirrn in 'e eerste Stunn geiht de Trödel los: de Pietschen knallen, de Kutschers schrien, un de Helpers jeuten (brüllen), un de Marktwagens rummeln över dat Plaaster. Gott Loff un Dank, dat klingelt to de Pause. Rut ut de Klass un hen na Jörn Ihb sien Huus!. Na siehst du, dat is dat Schlag! Dat eerste Fohrwark sitt fast bet an de Achsen, as 'n vun de harde Straat up dat weeke Marktplatz kümmt. Beter kunn dat Markt gaarnich anfangen för de Junges, nich för Peter Iesen un Peter Grütt se's Peere. Peter Grütt hett 'n Holtfabrik un dat Elektrizitätswark; Peter Iesen is Plünnenhändler (Lumpen-) un fohrt en ganse Reeg Petroleum- un Holtwagens. Nu, to 't Markt, sünd de Kutschers in se's Fett. Up 'e Holtwaag sitten se meist to schlapen. Dat könen se ruhig; denn se's Peere denken nich an Dörgahn. Se warrn blots waken, wenn wi se fragen, ob wi mitfohrn dörm, denn se weeten, dat wi se blots tirren (necken; dä.) wülln. Denn geben se uns gau mal een mit de Pietsch, dat dat Band sik üm unse Been ringeln deit un en dicke rode Striem nablifft. Aver hier sünd se waken. De lütte, dicke Klaas Holtkutscher löppt mit sien krumme Been an 'e Siet vun sien Peere un haut se mit de Pietsch un tuuks se in 't Lei un gröölt as 'n Bull. Aver dat Fohrwark nüücht sik nich. Nu klingelt de verdreihte Klock. Wi lopen torüch na de School. De Kutschers harrn sik för disse eerste Vörstellung de richdige Waag utsöcht. Dat weer de grote Lokobil [Lokomobile, eine Dampfmaschine] vun dat Kinotelt ut Hadersleben, dat jeder Johr to 't Markt keem.

Nu geiht dat jeder Dag mit Pietschenknallen un Geschrei. Mitünner uk Geschrei in 'e School; denn dat kunn jo licht angahn, dat wi uns up it Markt verspäten deen. Denn geev dat Stripps vun baben dal, vun Schmidt-Holländer bi de grote Junges mit de Stock, bi Köster Hinrichsen bi de grote Deerns mit de dubbelte Fuust; denn de beiden weern hillig un muchten vun dat ganse Markt nix sehn un hören. Wi kunnen jo nich begriepen, dat twee Wuchen Markt nich wat Herrliches weer. Wi dörstern in disse Tiet sogar namiddags to Dörp, wat sünst nich vörkeem.

Dat gröttste Spitakel geev it, wenn de beide grote Rutschbahns keemen. Denn geev dat en Larm, dat een dat Blood staage (stockte; dä.). Acht bet tein Peere harrn se vörspannt. Klaas Holtkutscher un Peter Lausen un de anner Kutschers harrn nie Pietschenparren (das untere Ende des Peitschenbandes aus einer Sisalflechte, die tüchtig klatscht) indreiht, dat it örnlich klatschen sull. Nu geiht 't los – togliek. De Kutschers bölken up eenmal los un rieten de Peere wecken över. De Stackelstiere verfehren sik rein un schmieten sik in 't Geschirr. De Tog treckt vun 'e Schossee af un böögt in up it Marktplatz. Dor sackt 'n aver gliek bet an de Achsen weg un steiht bombenstill. Eers is it musenstill. Denn gröölt Klaas Holtkutscher: „Rechts un links en Duumkraft!“ (Schwere Handwinde, dä). Dor kamen uk al twee Spinken (schmächtige Burschen; dä.) anlopen; jeder schlept en Duumkraft achter sik her. Se sünd gewiss eers gestern instellt un wülln sik nu wiesen (hervortun); aver se könen de Duumkraft nich mal lüchten (heben; dä.). „Kirls an de Duumkraften, un en Wach (Hebebaum) achter jeder Achterrad,“ jeutet Klaas. He is hier Herr in 'e See un regeert fief Kutschers un fief Spann Peere. Nu tritt de Garde vun Salveter sien Rutschbahn an, de Hemdsärmeln upkrempt, dat de mächtige Bizeps Luft hemm. Se könen vör Kraft meist nich lopen. Se leggen grote isern Platen hen, wo de Maschin up langlopen kann. Nu geiht dat mit Jeuten un Pietschenklatschen meist in Draff. Klaas Holtkutscher schechtelt (trabt) mit sien krumme Been un lett sik in 't Lei mittrecken. Up 'n mal geiht wedder allns to Schiet. De Maschin is vun 'e Platen aflopen, un dat selvige Manöver geiht wedder los.

Dat Upbuen vun 't Markt duert 'n halfstieg (een Stieg = 20 Stück) Daag un hört to 't Fest. Dat Afbuen is mit een Dag vörbi. Keen Minsch kickt dorna. Klaas Holtkutscher un Peter Lausen sitten wedder up 'e Holtwaag, pliern möd na de Kinner un geben se mal een mit de Schwep (Peitsche; dä.), wenn se dat Tirren to dull maken. Aver noch sünd wi nich so wiet; noch hemm wi dat Markt vör uns!

Brarup Sünnabend weer de Proov, wodennig dat Markt utfullen weer: vun de Marktlüde, de dor weern wedderkamen oder wegbleben, un de dor weern nie kamen. Denn wurr doröver schnackt, ob de Marktvaagt dat Markt gud harr upbuut. Uk vun 't Weder wurr schnackt, dat fröher veel beter weer as nu. Disse schwore Proov makern blots de Männer. De prooften utföhrlich uk de Getränke. Gegen Morgen drogen se de eerste Haarbüdel to Huus.

Brarup Sünndag weer Kinnermarkt. Dor gungen de Öllern mit se's Kinner to Markt. Dat eerste, wat uns in 'e Ogen full, weer dat grote Telt vun Tande Goos. Dat weer en Varietee vun Hamburg-St.Pauli. Dat leeg gans alleen, dat weer jo nich för jedermanns Geschmack. Dor gungen de Öllern mit se's Kinner vörbi – eersmal. Vun 'e School bet gans na 't Enn vun 't Markt stunn Krögertelt an Krögertelt. Dor weer Sünndag namiddag noch nix los. Gans nerrn, lieköver (gerade gegenüber; dä.) vun 'e letzte Krögertelten stunn dat Kappler Danstelt. Dor speler de Kapell vun August Bruhn. He weer Kapellmeister wesen bi de Husornkapell in Schleswig. He speler blots to Brarupmarkt för jedermann. Sünst keem he mehr för betere Lüde, tom Bispill för de Vergnügungsvereen „Frohsinn“ för de Beteren un de Buern. De lütte Lüde un de Handwerkers harrn se's eegen Vereen „Humor“. Dor speler Schooster Mundt mit sien Kapell.

Aver to Brarupmarkt danse allns dörenanner. De meiste Larm maken de beide Rutschbahns. Se hemm jeder en grote Musikwaag, de Operettenmelodien spelen. Rundüm an 'e Waag dansen Figuren vun Männer un Fruuns. De Musik könen wi bet na de Roy hören. De Rutschbahn vun Schlüter hörer fröher Salveter. De buer sik denn en nie un verköffter sien ole an sien Kalfakter Schlüter. Nu stahn de beiden siets anenanner. De ole rötert un klötert in alle Fugen, de nie löppt ruhig un sinnig. Dicht dorbi steiht de Luftschaukel. Wer keen Bangbüx is, kann bet an 'e Deck fleegen. Een Johr weer uk dat Riesenrad up it Markt, so 'n een as in de Prater in Wien steiht. Endlich kamen wi to en richdige oolddaatsche Karussell. De lütte Max will so geern Karussell fohrn. He is eers fief un geiht noch nich to School. He dörv noch nich alleen up it Karussell. Schließlich fohrt Thea mit em. Se kriggt dat Geld vun Mudder, för beide tosamen een Gröschen. Doddi hett sik al verdrückt. Se kickt gewiss na de Neger mit de schmucke Kopp. Richdig, dor steiht se bi it Boxertelt. De Neger is de wille Mann. He 's insperrt; sien schöne Kopp is man so eben to sehn. Nu ward de Klapp upmaakt un en halwe Schwienslung rooch rinlangt. Mi leep dat koold lang de Rüch dal. Weer dat uk richdig blots en Schwienslung? Liek över vör steiht noch en Boxtelt. Vör 't Telt steiht en grote, dicke Kirl un will de Lüde rinlocken. In 'e eene Hand hölt he 'n Bär an 'e Kääd; in 'e anner Hand stemmt he 'n Fru. He löft hunnert Mark ut, wenn dor een ut it Publikum een vun sien Boxers besiegen deit. Dor meld sik uk een; de hört gewiss to de Flock. Wi gahn wieder, ümmer rundüm. Dat Markt is nu proppenvull. Wi kamen vörbi an dat Schmucktelt vun Weinberg. De is jeder Johr dor. De Deerns sehn sik de Fingerrinken an; ik heff de Kneppes (Geldtasche; dä.) in 't Oog. Aver noch ward nich inköfft, noch ward blots ankeken. Wi Kinner könen dormit reken, dat wi jeder en lütte Daler för de veer Marktdaag hemm: twee Reichsmark vun Vadder, een Reichsmark vun Homa, twee Gröschen vun Unkel Krischunn (Christian) vun Gahtaft, un noch hier un dor en Gröschen. Ut de Spaarbüssen dörm wi natürlich nix nehmen. Wi möten liekers huusholn mit unse Brarupsgeld; denn up it Markt sünd nich veel Ecken un Kanten in it Geld: Eenmal Karussell 5 Pf., eenmal Rutschbahn 10 Pf., in en Schaubude 20 Pf., een Banan 10 Pf., een Stück Kokosnutt 5 Pf., een Berliner Pannkook 10 Pf., een Brause 10 Pf., een Selter 5 Pf., een Knackwuss 5 Pf., een Johannisbroot 5 Pf., een Schlickstang 5 Pf., een lütte Stück Honnigkook 10 Pf.

Dor kümmt wat to sehn, gans umsünst. Jehann Dösch is wedder dor. He kümmt tru un keudig (munter) jeder Johr. En Haarbüdel hett he uk al wedder. Dorvun kriggt he wecken up 'e Dag. Nu is Jehann al wedder so wiet, dat he Lüde belästigen deit. De neechste Schandarm reist mit em af na 't Sprüttenhuus. Dor is 'n Gelegenheitsgefängnis. Nu wehrt Jehann sik un schimpt un schandeert as 'n Rohrspatz. Dat helpt nix, he mutt sik eersmal up it Strohlager in 't Sprüttenhuus utschlapen. Dor kümmt uk al sien Kolleg, uk 'n Handwerksbursche, de grote Möller. Wenn dat Geld to knapp ward, haut he överall de Möhlnsteen. De överige Tiet is he duun. He lett uk keen Brarupmarkt utfallen. He is nich so lästig as de malle Jehann Dösch.

So sinnig kamen wi to de Schmoltbäckers. Dor warrn in de ganse Marktdaag Berliner Pannkoken backt. Dat kann man al vun wieden rüken. Dor muttt man een vun hemm; denn dat duert en Johr, ehr man wedder wecken kriegen kann. Bi de hiesige Bäckers kreeg man se domaals nich. Nu sünd wi rund, wi sünd wedder bi de School. Mudder un Vadder wullen eersmal to Huus; se sullen jo melken. De Deerns kreegen Max mit, he kenner jo noch nich de Klock. Ik maker mi selbständig. Wenn de Karkenklock acht schloog, wulln wi uns wedder bi de School drapen un tosamen to Huus gahn. Ik wull to Jakob vun

Amerika. Ik kunn em al vun wieden hörn; denn he weer gräsig hoch in 'e Rüst (mit lauter Stimme; dä.). Dor steiht he uk al up sien lange Disch: in Hemdsärmeln un en Halvschees (Kugelhut; eigtl. „Halbchaise", ein Wagen) up 'e Kopp. He geiht hen un her up sien Disch mit 'n Regengschirm in 'e Hand. Mit 'n Barg Gepraddel (Gerede; dä.) bütt he de Schirm ut. He drückt up 'n Knoop, dor springt de Schirm vun selm up. Tein Mark verlangt he un geiht denn mit veel Swallerie (Gesabbel) dal up twee Reismark. Dat is de Pries, de he hemm will un uk kriggt. In 'n Rupps is he 'n half Stieg (een Stieg = 20 Stück) los. As keen mehr verlangt warrn, fraagt he: „Keiner mehr, keiner mehr? Dann hat Jakob noch eine andere Ware." Denn geiht dat wieder mit Kneppes, Messers, Speegeln, Wettsteen, Handtaschen usw.

Ik gah wieder. Bides bin ik hungerig wurrn. Ik leng al lang na 'n Knackwuss; de kreegen wi fröher blots up Brarupmarkt. Ik nehm glieks twee; de kosten tosamen een Gröschen. Dat weer Gottskoop [Verballhornung von dä. godtkøb = billig]. Veel Geld wull ik egenlich nich mehr utgeben. Ik gung noch 'n paarmal rundüm. Ik seech en ganse Masse Verwandten, Bekannten un Navers. Aver de Karkenklock gung al up acht. De Deerns un Max luern uk al bi de School. Denn geiht it to Huus; ünnerwegens praddeln wi all dörenanner. As wi to Huus kamen, sünd wi uk doch möd. Mudder gifft uns noch en Teller rode Grütt; un denn geiht it na Fedderholm (Bett). De ganse Nacht juken de Rutschbahns. Mitünner driggt de Wind uk wat an unse Bett in unse Dröme. Morgen is Brarup Maandag. Dat is de Hauptdag.

Brarup Maandag kamen de Gahtahfter. Se kamen fröh, denn vörmidags is Peeremarkt. Bald sehn wi de Gahtahfter to 't Stratenheck rinkamen. Unkel Krischunn versöcht mit Tuuksen un Klatschen, sien fule Peerd, de „Graut Friederich", in schneidige Draff to bringen. „Graut Friedrich" lett sik aver up nix in.

Eers en paar Swietschers vun ünnern an 't Lief bringen dat vertörnte Peerd in Gang. „Junge, Junge, dat pierer (schmerzt) aver," sä Vadder. Tande Tidi, Unkel Krischunn un Vetter Hans klarren vun 'e Waag. De Knech is al bi un spannt dat Peerd af. „Na, sied so gut (bitte), kummt rin," seggt Mudder. Unkel Krischunn geiht en beten stiefbeenig rin vun 'e Huusdör. „Wat hest du?" fraagt Vadder. „Ach, ik heff dat so in 'e Enkel." Wi Angeliter ammeseern uns ümmer över Unkel Krischunn sien „güntsieder" Spraak. Nu gifft dat eersmal Vesper (twetes Frühstück) mit Köm un Beer. Denn spannt de Knecht wedder an. Unkel Krischunn, Vadder, Vetter Hans un ik fohrn to Peeremarkt. Se spannen ut bi Heine Wendt.

Dat Peeremarkt is in vulle Gang. Vun 'e School bet Peter Bennixen steiht en lange Reeg Peere anbunnen. Hier stahn enkelte Peere, meisttieds vun Buern. Se möten Standgeld betaln. Dorum binnen de Peerhändler se's Peere nich an. Se laten se's Treckerknechten de Peere to en lange Schnoor tosamenbinnen un in en Kreis rundüm bewegen. Wenn dor för en Peerd en Koopmann kümmt, so kann de dat Peerd vun en anner Treckerknech ut de Schnoor nehmen un münstern laten (mustern, rundum besichtigen und in Schritt und im Trab vorführen lassen). Wenn de Hannel afschlaten is, schlaan Köper un Verköper enanner in 'e Hand. Denn is de Hannel rechsgüldig un ward in 'n Krögertelt mit 'n Wienkoop begaaten.

Bi Heine Wendt müsstern se uk noch gau en Köm un Beer hemm. So keemen se nich gans nüchtern to Huus an. To Middag geev dat en richdige Brarupmarkt Eten: Sült un stoofte Kartüffeln. Sült is in Angeln wat anneres as wat de Schlachter Sült nennt. Dat is nich to fette, sure Schwienfleesch, dat koold mit Edig un Peper eten ward. To Brarupmarkt kann man 't in jeder Kroog un Krögertelt kriegen. Na de Middag schullen de Mannslüde noch gau en Ogenblick schlapen. To Kaffee gifft dat Honnigkoken un Plaastersteen ut dat holländische Telt un

Berliner Pannkoken. Denn fohrten de „Groten“ los. Wi Kinner schullen to Foots achterna kamen. Wi drunken uk alleen Kaffee. Up dat Kokentöller mit Halvergröschens (Leckerkuchen zu 5 Pf.) leeg gans ünner en Kremschnitt, de wi all geern müchten. To mien Schann mutt ik seggen, dat ik mi de gans sinnig an Land truck. Ik scham mi noch hüt, oder veelmehr eers hüt, dat ik mi nich düllen (mäßigen) kunn. Doddi, de as öllste vun uns Mudder speler, wull bremsen: „Du schasst vun baben afnehmen, nich ünnerrut.“ As wi abends torüchkeemen, kreegen wi wedder rode Grütt un Melk. Dor nehm ik vun 'e Melk babenaf un kreeg de Rohm. Dormit maker ik jo nix beter. Mit Rech schimpern se all tosamen un nennern mi en utverschaamte Muff. De anner Morgen verklaagten de Deerns mi bi Mudder. Dat weer man gud, dat noch Markt weer, so sä se blots to uns all: „Ju dörm nümmer utverschaamt sien.“

Brarup Dingsdag weer Deenstenmarkt; dor dörsten de Knechten un Deerns al namiddags losgahn. Dor gungen Vadder un Mudder eers na Melktiet. Se makern aver mit uns af, dat wi se um halvig söben bi de School drapen schulln; denn dörstern wi mit to Tande Goos; dor dorm Kinner nich alleen rin. As Vadder för uns all Intritt betaalt harr, dorm wi in un setten uns an en Disch. Vadder besteller för uns all wat to drinken. Up 'e Bühne keemen Sängers un Sängerinnen, Sauberers, Füer- un Säbelschluckers, Entfesselungskünstlers un noch mehr. Wi Kinner wunnerten uns doröver, wat de Lüde up 'e Bühne all fein in Tüg weern. Vadder un Mudder passten up de Leeder, de dor sungen wurrn. Wenn de „Stücken“ gut „gungen“, sungen se de uk to Huus, Mudder bi it Süsseln un Vadder bi it Schwienfuddern. Üm Klock acht müssten wi Kinner wedder to Huus gahn. Nu keem dat dorup an, wer se dreepen. Wenn se wecke vun se's Kanuten (Freunde) dreepen, kunn dat angahn, dat se spät to Huus keemen. Wenn allens glücken dee, kun dat angahn, dat Vadder to Markt fief un 'n halve Haarbüdel kreeg:

vun Sünnabend bet Mittwoch fief un Maandagvörmiddag en halve een. Wi hemm Vadder aver nümmer duun sehn. Dat weer domaals en Schann, wenn een duun sehn wurr, överhaupt vun Kinner.

Dat Kneppe vun Brarupmarkt 1913 un wat dor 2005 noch in weer

Denn keem Brarup Mittwoch. Dor probeerern wi Kinner nochmal allns, wat wi nu en ganse Johr misten (entbehren; dä.) müsstern: Kokusnööt, Knackwuss, Berliner Pannkoken, Bananen, Johannisbroot. Un abends köftern Vadder un Mudder uns wat. Se gungen mit uns na Weinberg sien Telt. Ik kreeg en Kneppe (Geldbörse), de weer so 'n echte Kinnerkneppe to 'n Reichsmark, dat blots en paar Gröschen ringungen. De is noch holen, wiel 'n nich to bruken weer. Nu (1975) spelt Arne dormit in 'e drütte Generatschon. De Kneppe hett aver dat Geld gut holn: veer Denkmünzen un dat lütte Schlott vun mien Kinnerspaarbüss. De veer Denkmünzen sünd: Een Jubiläumsdaler vun 1913 (100 J. preußische Erhevung gegen Napoleon), de Homa mi domaals schenkt hett; een Nazidaler vun 1938 mit Hindenburg sien Bild; een belgische 25 Centimes, dat weer mien letzte Geld, as ik Wiehnachtsabend 1918 ut de erste Weltkrieg torüchkeem; een polnische Zloty, de bi mi hangen bleven is, as ik 1939 in Polen weer. Viellicht liggt dat jo an disse Kinnerkneppe un dit lütte Spaarbüssenschlott, dat ik, wenn dat Geld öft uk knapp weer, doch bether nümmer richdig in 'e Kniep wesen bin, dat ik keen Raat mehr wüsster.

Mit Vadder ünnerwegens

Wi Kinner spelten ümmer dor, wo de Groten weern. Wi hemm allns hört un sehn, wat dor maakt un seggt wurr. Dat geev dor natürlich uk nix, wat uns schaden kunn. Wenn Vadder na de Navers gung, weer dat meist selbstverständlich, dat ik mitdurf. Vadder weer mit in de Vehzuchtvereen un mit in 'e Körkummischon. Wenn he bi de Navers to Kälverköörn gung, weer ik dorbi. Ik gung uk öfters mit em, wenn he to Dörps weer, na de Barbeer, to 'n Handwerker oder Höker. Mitünner gung Vadder denn vör bi Heine Wendt un kreeg sik en Grock. Ik drunk denn 'n Limonaad. Ik durf denn uk 'n Gröschen in 'e Hähn stäken, de denn 'n Ei mit Schokolaad leggen dee. Mit Mudder gungen meisttieds de Deerns.

Ik weer natürlich ümmer mit, wenn en Koh to de Bull sull. Dor wurr jo een brukt to najagen, un dat kunn en Jung doon. Denn kunn dat angahn, dat Vadder un de Koh beide niesterig (jähzornig; dä.) wurrn. Wiel Vadder denn vör de Koh stunn to hauen, gung de natürlich rüchwarts. Dat durer so lang, bet Vadder sik ümdreiher; dennn leep dat Tier gans flietig achterna. Nu kunn dat angahn, dat de Koh vun de Frierie afkamen un nich mehr ossig weer. Denn harr de Bull dat grote Theater, dat de Koh nich mehr stahn wull. Denn wurr 'n vun twee Mann biholn, dat 'n sik nich mehr nüchen (bewegen; dä.) kunn.

Wenn dor 'n Söög brüllsch weer un to de Ewer schull, wurr de, as ik noch lütter weer, mit de Waag henfohrn. Ik kann mi noch gut besinnen, dat wi bi de Kröger Deelef Sörnsen in Ruruplund mit 'n Söög fohrn wesen sünd. He harr en gans grote rode Ewer. Aver Deelef selm weer uk sehenswert. He weer en grote, groffknaakige Kirl un hörer to de starke Männer, vun de Stücken vertellt wurrn. So wurr vun em vertellt, un dat schall wohr sien: Deelef vun 'e Lund weer in sien junge Johrn Hingstenknech bi de „Angler Hoff" in Süderbrarup. Dor weer en Hingstenstatschon vun dat Landgestüt in Traventhal. Eenmal weer Deelef mit 'n Hingst to beschlaan bi de Schmid Riebstein in Süderbrarup. De Hingst weer unruhig un wull nich stahn. Dor wurr Riebstein grandessig (wütend) un sä to Deelef: „Wenn du dien tumpige Krack nich holen kannst, kann ik 'n uk nich beschlaan." „Ja, tööv mal still," sä Deelef, kreep ünner de Hingst, kreeg in jeder Hand en Achterfoot faat un lä sik 'n up 'e Schuller un seggt: „Kannst du 'n denn nu beschlaan?" De Schmid, de dat vertellt hett, sä: „As Deelef 'n wedder dalleet, weer an em nix to marken, mi leep de kole Gräsen lang de Rüch dal, aver de Hingst sittrer un schweeter an 't ganse Lief vör Angst."

Deelef harr uk ümmer en Schenktelt up it Markt. As wi 1923 verlobt weern, weern Muddi un ik up it Markt. Se wull weeten, wat Sült weer. Dor gung ik mit ehr in Deelef sien Telt un bestel-ler twee Sült. Se seet gans in Gedanken un sä nix. Se seet mit de Rüch na de Tonbank. Up eenmal stunn Deelef achter ehr, bückt sik dal un seggt: „Da!" (Ganz kurz gesprochen. In meiner Kindheit das gewöhnliche Anbieten; höflicher unter Bekannten: „sie so gut," übersetzt nach dem dänischen „vær saa god"). Muddi verfehrer sik rein un sä: „Was für ein Kerl!"

Eenmal weern Vadder un ik mit 'n Söög fohrn bi Klaas Marxen in 'e „Dubbeleek" in Dollrottholt. As wi so seeten,

Vadder mit sien Grock un ik mit mien Limonaad, keem Lehrer Jäger rin un sett sik bi uns dal. He verteller, dat he mit sien Fru en Ferienreis na 't Riesengebirge maakt harr. Vadder un Klaas Marxen wunnerten sik, dat se so 'n wiede Reis maakt harrn; denn dat Reisen weer bi gewöhnliche Börgers domaals noch gar keen Mo'. Dat leister sik nich mal unse Möller, un de weer Milljoneer. Bi de Praat (Gespräch; dä.) keemen se uk up Westerland to schnacken. Dor verteller Jäger, dat in 't dore Johr tum eersten Mal 3000 Fremden in Westerland wesen weern.

Später dreev Vadder de Sögen to Foots to de Ewer dal na 't Dörp. Dat weer ümmer en ärgerliche Saak; denn de Schwien sünd en dweerige Tügs. Se wülln uk nich vun se's Stall weg un lopen ümmer wedder torüch. So makern Vadder un de Sögen meistens de Tour na 't Stratenheck wecke Mal, ehr se to Gangs na 't Dörp keemen. To Huus gung it denn beter, denn de Söög kenner jo de Weg un lenger to Huus.

Mitünner wurr uk mal en Extratour maakt. In Böel harrn wi wecke Johrn naenanner en Stark in 't Gras. Denn müsstern wi bi it Henbringen un uk bi it Wedderhaaln de ganse Tour to Foots maken. De Knech un ik wurrn denn öftmals möd. Denn müsster Vadder uns ünnerholn, dat wi wedder to uns keemen. Ik weer jo aver för nix in 'e Welt to Huus bleven.

As ik noch lütter weer, gung ik mit Vadder to de Vehmarkten in Süderbrarup. Dat weern in mien Kinnertiet dree Markten: Fröhjohrs- un Harwsvehmarkt un 'e Peeremarkt to Brarupmarkt.

Mehr Spaaß maker dat natürlich, wenn wi mit Fohrwark ünnerwegens weern. En regelmäßige Tour weer de Fohrt na de Meierie. De Navers, de en Peerd harrn, harrn sik tasamendaan to en Genossenschaft un heeln gemeenschaftlich en Melkwaag. To fohrn schifftern (wechselten; dä.) se sik. Wi fohrern söben Daag, wiel wi am wietsten aflegen. Een Naver fohrer fief Daag, un twee fohrern jeder dree Daag. Sünndags nehm Vadder mi mitünner mit. Jeder Genosse müsster sien Kannen up 'n Melkbrits (Pritsche; dä.) stellen. De Melkbritsen harrn de selvige Höchde as de Borm vun 'e Melkwaag. Denn kunn de Kutscher de Kannen eenfach röverhalen up 'e Waag un bruker se nich vun nerrn uplüchten. Ik harr jedesmal mien Spaaß an Fanny. De weer sien Tietlebens bang vör Kannen up 'n Brits. De mutt wull as Jungpeerd hatt Mallöör hemm mit Kannen. As ik gröt-ter weer, durf ik uk mitünner mien Vadder vertreden. Lieker so öft as na de Meierie fohrer Vadder to Möhl. Wi verfutterden nich blots dat eegen Korn, wi köftern jo uk en Barg Schrot to. Vadder fohrer gern to Möhl, denn dor seet Fritz Kai in 't Kontor. De wüsster ümmer en Barg to vertellen. Wieder weer de Tour na de Grüttmöhl in Rurup. De Ruruper Möhl weer en ole Watermöhl. Dor geev dat 'n Barg to sehn un to hörn: de grote Möhlendiek, dat Waterrad, dat Brusen vun dat Water. Nu steiht de Möhl vun Rurup bi Kiel in dat Frielichtmuseum. De Ruruper Möhl mahler all dat Korn, uk Bookweet. De neechste Möhl, de Bookweet mahlen dee, stunn, gloov ik, in Sandbeck bi Kappel. In mien Kinnertiet seiten wi jeder Johr noch Bookweet. In Rurup wurr groffe un fiene Grütt un Mehl dorut maakt. Dat weer domals unse ständige Kost. Abends geev it dat ganse Johr rund Bookweetengrütt. De Grütt müsste örnlich fast sien. Wenn 'n pliedig weer, wurr Mudder för ehr „Preestergrütt" utlacht. Wenn 'n sogar ansengelt weer, geev dat Ärgernis. Dorbi kunn dat so gud angahn; denn Mudder müss-ter to glieker Tiet mit Grüttkaken uk noch melken. Denn müsster een vun uns de Grütt röhren. De gröttere Kinner un de Groten kreegen jeder en Teller mit Melk un läpelten de Grütt all tosamen ut dat selvige Fatt (Schüssel; dä.), dat mirrn up 'e Disch stunn. Wenn wat Besonneres los weer, geev dat en Botterkuhl mirrn in it Fatt. Dor langer jeder mit sien Läpel in. Wi eten de Grütt in Bottermelk kaakt mit söte Melk dorto, afrohmte natürlich. In 'e Huusstand wurr blots afrohmte Melk brukt, wenn nich gar Swuutsch, dat weer Magermelk, de afrohmt un kaakt vun de Meierie torüchlevert wurr, de natürlich gar keen Fettgehalt mehr harr.

Wenn wat vun 'e Grütt nableev, geev it de de anner Abend in hitte Melk brockt. Disse Klottengrütt geev it domals noch wecke Stäen to Frohkost. Wecke Malen in'e Wuch geev dat to Middag as Naspies Welling (Milchbrei mit Buchweizengrütze; dä.).

Ole Lüde müchern uk geern griese Klümp. Dor geev dat Sirup un Speckfett to. Ik weer nich so dull dorna. Eenmal, as ik noch lütt weer, harr ik mi meist övergeben. Siet de Tiet weer ik vun griese Klümp befriet. Ik gloov, dat leeg gar nich an 'e Klümp. Ik gloov, dat leeg mehr an it Speckfett mit Sirup. Dat is dat eensige Mal, dat een nich eten bruker, wat up'e Disch stunn. Ik harr uk gar nich seggt, dat ik de Klümp nich müch. Dat hett it bi uns nümmer geben. Dat geev wull wat, wat wi geern müchen, aver nix, wat wi nich müchen. Mudder nenner de Klümp „oolddaatsche Kartüffeln". Ehr dat Kartüffeln geev, hett man wull stattdessen griese Klümp eten, un jeder müch se geern; aver gut fast müsstern se sien, so as de Fru in Böel se kaaker. Doröver vertellern sik de Olen: De Klümp weer so fast, dat de Knech de Läpelstööl dorup afbrook. Denn sprung de Klümp ut it Finster un schloog dat Finsterkrüz in Dutt. Denn floog 'n in'e Linnenboom un schloog en grote Tellig (Zweig; dä.) af, un de full up 'e Söög un brook 'n de Rüch af.

En schöne Gericht weer för uns all Bookweetenmehls Pannkoken. Mudder backer se lütter un dicker as Weetenmehls Pannkoken. Dor geev dat Sirup to.

En hüpige Warf (Auftrag, Gewerbe) för Vadder weer de Fohrt to Schmeed. Unse Schmid weer Krischunn Philipp in Nottfeld. He weer en richdige Buernschmid: groot, dick, ruhig un fründlich. Sien Fru weer ebenso guudhardig. In 'e Harvstiet keem se hen to mi un sä: „Sammel di man'n paar Appeln up in 'e Hoff." Dat dee ik denn jo geern. As ik noch lütt weer, haler se mi in na de Stuuv un geev mi en beten Melk oder Saft to drinken. Se hett gewiss dacht, dat ik Langewiel harr. Dat weer aver nich andem. Ik kunn stunnenlang stahn un tohörn un tokieken. Dat weer bi de Sattler un 'e Schoster un 'e Schnieder un alle Stäen, wo wi keemen, ebenso. Ik gloov, ik kunn harr jeder Handwark maakt hemm, blots vun it Tokieken. Wenn de Schmid un sien Gesell oder Lehrjung se's Arbeit nagahn deen, bi 't Füer, an 'e Ambold, an 'e Bohrmaschin, överall gaaper (sah; dä.) ik se up 'e Fingern un durf dat uk, wenn ik se man blots nich ünner de Fööt keem. Ik sä dorbi vun mi ut keen Wort un steller uk keen Fragen. Ik durf ja uk nich dortwischen schnacken, wenn de Groten schnacken deen. Aver ik keek genau hen, wenn de Schmid bi it Peerd de Hofen torechschnieden un raspeln dee, oder wenn he dat Iesen inbrennen dee, dat it man so stinken dee. Ik passer uk genau up, wenn de Schmid de Eggentinnen (Zinken an der Egge; dä.) oder de Ploogschaart schärpen oder vörschohen (vorschuhen, den Abschliss ersetzen) dee. As wi Fanny kreegen, gung Vadder mit dat Beschlaan to en annere Schmid. Dat Peerd harr vör Plattfööt, un Vadder weer bang, dat it lahm warrn kunn. Dorüm leet he 'n beschlaan bi de Schmid Rubin in Kaltoft. He weer bekannt as gans besonners düchdige Beschlagschmid. He weer Fahnenschmid bi de Husarn wesen un harr dor en Barg lehrt. De Weg na Kaltoft weer mi teemlig unbekannt wesen. Fanny hett nie Schwierigkeiten mit de Fööt hatt.

En seltene Reis weer de Fohrt na de Tierarzt in Tweedt. He keem natürlich uk in 'n wiede Ümgevung to de Buern. Wenn de Buern to em keemen, weer dat aver billiger. Domals harr dat Veh dat as de Minschen, de wurrn nich öft krank. Wenn se aver mal krank wurrn, wurrn se eersmal mit Huusmitteln bedoktert. Nu gifft dat bi de Farkens ümmer mal en Bruchfarken, dat is denn meist ümmer en Borg (männliches Ferkel) mit 'n Hodenbruch. So 'n Bruchfarken wull Unkel Schulz bi anner Lüd nich schnieden. Denn müsstern Vadder, un ik natürlich, na Tweedt to de Tierarzt. Tweedt liggt up 'e halve Weg na Schleswig. Dat weer för mi en gans nie Gegend. De Tierarzt Carstens weer en düchdige Mann, aver en beten groff un spaßig. Dorüm fohr ik ümmer geern mit.

Ik heff veel lehrt in 'e Schoolen, aver gewiss nich so veel, as wenn ik mit Vadder to Gang weer.

In 'e School

Ik keem, as sik dat in ole Tieden so hören dee, Maidag in 't söbente Johr to School, wi schreeben also den 1. Mai 1907. Dor weer dat nie Schoolhuus eers en paar Johr oold. Twee Klassen weern noch ünnerbröcht in dat ole Schoolhuus. In de veer Klassen vun dat nie Schoolhuus seeten de eerste dree Schooljohrn jeder in en Klass, un de grote Deerns vun dat sösste, söbente un achte Schooljohr tosamen in en Klass. Dat veerte un föffte Schooljohr seeten tosamen in een vun de beiden Rüme in dat ole Gebüüd. In 'e anner Ruum seeten de grote Junges vun dat sösste bet negente Schooljohr. De School weer also sössklassig un harr 'n Hauptlehrer as Schoolleiter, dat weer de Hauptlehrer un Organist Hinrichsen, de de grote Deerns ünnerrichten dee. Em nenner jedereen „de Köster“.

Vadder gung Maidag 1907 mit mi na de School un leverer mi af bi Fräulein Räther, de mien Lehrerin wurr. Ik harr vun mien Schwester Doddi al vörher hört, ik schull mi man achter hensetten, dor weern de beste Plätze. Aver de Klass weer al meist vull. Blots vör weern noch 'n paar Plätze frie. So bleev ik blöd (schüchtern) bi Vadder stahn un weer rech benaut (kleinlaut). Ik gloov, he harr uk nich veel to Koops (kleinlaut, dä. Form), as sien Jung gans nerrn to sitten keem. He stunn mit sien brune Kneppe (Geldtasche; dä.), de damals noch to sien Sünndagsutrüstung hörn dee, in 'e Hand un lurer dorup, dat Fräulein Räther em dat Geld för Bonbon afnehmen dee, wat domals insammelt wurr. Un denn maker he, dat he wegkeem un leet mi sitten. Ik seet nu gans möör to, denn ik kunn jo keen Wort verstahn. Ik harr noch nümmer en hochdüütsche Wort hört. Un so veel fremde Kinner harr ik uk noch nümmer sehn, un wecken weern so groot as Kirls. Un denn so 'n freche een; de heeter Willy Schmidt. In jede Pause stötter un hauer he mi un schmeet mi in 'e Schiet, dat mien witte Matrosenbluse schietig wurr. Sowat harr 'k noch nümmer beleevt. Ik kunn natürlich vun dat, wat in 'e School maakt wurr, nix begriepen. So harrn se mi so teemlig ünner de Fööt. Ik harr mi al angewöhnt, mit so 'n paar Stackels (Pechvögel; dä.) mehr, un blieben binnen in 'e Pause un spelen in 'e Klass. Dat harr Fräulein Räther natürlich markt un de Köster Bescheed seggt. Wi kropen ünner de Bänke un spelern Tick. Up eenmal geiht de Dör up, un de Köster kümmt rin mit 'n grote Stock. Uns sitterer dat Hart. Dor fangt he an un maakt Gewitter: „Wollt ihr machen, dass ihr hinauskommt!“ Ik dachter, hier ünner de Bänke kann he uns mit sien lange Stock nich veel doon un bleev huken. Aver he harr mi al sehn un brüllt: „Raus da! Wie heißt du?“ Ik kumm hoch un sä: „Fritz Simohnsen,“ un beton dat o. Dor fung he an to lachen un sä: „Fritz Simonsen heißt du,“ un betoner dat i. Doormit leet he mi lopen.

Denn keemen de Kartüffelferien. De Dag vörher geev dat Tüügnissen. Denn sä Fräulein Räther: „Nun sollt ihr nach euren Leistungen sitzen. Platz 1 ganz oben in der Ecke: Fritz Simonsen.“ Ik dachter: „Wat heff ik nu utfreten?“ un ripp un röhr mi nich. Dor nehm se mi bi de Hand un gung mit mi na achtern, na gans achtern, wo de Olen seeten, de de Klass dat tweede un drütte Mal dörmaken deen, un wo ik so veel Respekt vör harr. De müsstern wieken. Bi mi keem Ernst Mundt to sitten. Wi hemm wecke Johrn tosamenseten un sünd Frünnen wesen. Ik bin bet to mien Kunfematschon de Bövelste (Erster) vun mien Johrgang bleven.

Ostern 1908 wurr Fräulein Räther penscheneert (pensioniert). Se weer sacht en düchdige Lehrerin, aver seecher oold un flau ut. Se harr ümmer en hellbrune Schlengdook (Umschlagetuch; dä.) üm. Wenn se up 'n Disch sitten dee, schleep se in un sittere as 'n kranke Vagel. Se wahner bi ehr Vadder, de dat Huus in 'e Königstraat hörn dee, wo mien Neffe Fritz vun 'e Roy nu wahnen deit.

Ostern 1908 keem ik över na de tweede Klass. De Lehrer weer Vadder Wieck. So nenner em jede Kind. Un vun em wüsster uk jede Kind, dat he för Narrn holn warrn müsster. Wenn it gans dull keem, hauer he üm sik, dat bi de Kinner mitünner dat Blood över de Hännen leep. Dat hulp aver allns nix, he wurr för Narrn hooln. Am schlimmsten weer dat in 'e Köster sien Klass, wo he Teeken geben dee. In 'e Köster sien Klass gung en Luk dör de Dääl na de Heizrohrn. Twischen de Dääl un de Eere weer en holle Ruum vun gewiss 60-70 Zentimeter. Dor klarrer en Jung vun 'e Johrgang vör mi mal in 'e Teekenstunn dal un bumser vun nerrn mit 'n Teegelsteen gegen de Dääl. Toeers söchter Wieck nu de Larmmaker bi uns baben in 'e Klass. Schließlich aver kreeg he herut, dat de Übeltäter ünner de Dääl seet. Dat weer em nu aver to veel. He gung hen un haler de Köster. Dor keem de Jung gau ünner de Dääl herut. De Köster aver wüsster Raat. He bröchter gliek en Hamer un en Nagel mit un nageler eenfach de Luk to. As he denn gans krötig rutgung, sä he: „Der kommt vorm Abend nicht heraus.“ De anner Dag hett he dorvun nix mehr seggt. Mi hett Wieck nix to gude un nix to schaden daan, un ik em uk nich wieder. Wieck weer wohrschienlich en gude Lehrer wesen, wenn he en anner Stä wedder nie harr anfungen. In 'e Süderbraruper School weer he eenfach ünnerdörch, uk bi it Kollegium. He gung in 'e Pause nümmer rut. He gung ümmer vör sien Klass hen un her. In 'e grote Pause haler he sik bi sien Fru en Tuut mit brune Koken. De Börgers seechern in em en feine Mann. Wenn he namiddags dör 't Dörp gung mit 'n Handstock un Pingsnee (Nasenkneifer, frz. pince nez), flogen de Mützen man so.

To Ostern 1909 wurr ik na Klass dree versett. De Lehrer weer noch jung un heeter Bänsch. He un sien Fru, ik gloov, dor weer uk noch 'n Kind, seechern hungrig un kränklich ut. Ik heff se uk ümmer för arm holn. He hett mi nümmer wat daan un ik em uk nich. Ik heff aver nich vergeten, dat he streng weer un geern mit 'n Lineal in 'e Hand schlaan dee. Liekers heff ik em mal en Gefallen daan. In 'e Nasommer froog he mal in 'e Klass, ob dor een em helpen wull un kriegen em sien Kartüffeln to Huus. Dat kunnen ik un Pluto jo bestens, un so melder ik mi. He harr en Stück Kartüffelland pachtet in 'e Holm, achter dat Huus na Schooster Krabbenhöft mit de Dubbeleek up. Dor schull ik jo denn de Namiddag henkamen. He weer de ganse Namiddag bi un marsen (schwer arbeiten; dä.) in 'e Kartüffeln. Aver he wurr un wurr nich ferdig. Dat truck up Vespertiet (halvig fief), dat truck up Grüttiet (halvig acht), dat wurr schummerig, aver ümmer noch weer he nich ferdig. Schließlich keem Mudder üm 'e Eck. Gott Loff un Dank, wat heff ik mi freut. Se weer jo unruhig wesen, wo ik wull bleev, un weer nu ärgerlich up Bänsch. Se hett em denn uk nich veel seggt, he weer denn nu uk bald ferdig. Ik fohrer em denn noch de Kartüffeln na de School un rassele denn to Huus. Ik heff em ümmer hoch anrekend, dat he mi nich upfördern dee, em to helpen; denn dorvun weer jo nix afmaakt, un so harr ik jo uk keen Verlöv dorto.

Ostern 1910 wurr ik versett na de veerte Klass. Dor weern dat veerte un dat föffte Schooljohr tosamen. Unse Lehrer heeter Jäger. Em heff ik veel to verdanken. He is de eerste wesen, de Vadder dorup upmarksam maakt hett, dat ik „Gaven“ harr un wat „lehrn schull“. Toletzt hett he seggt, dat ik Schoolmeister warrn schull. Dat schient aver nich, dat dat besunnere Gaven in Rechtschrievung wesen sünd; denn dat eensige, wat ik ut sien Ünnerricht beholen heff, weer, dat he mi seggt hett, dat ik al wedder en dicke Buck in en Upsatz schaten harr. Ik kreeg denn Naastunnen bi em in Rechtschrievung. He seet denn gans gemütlich in 'e Klass un schmöker en lange Schoolmeisterpiep. Wenn de utbrennt weer, steek he sik en Sigarr an. Wenn de upschmökt weer, weer de Stunn vörbi.

Jäger stunn wirtschaftlich gud. Ik gloov allerdings, he stammer ut 'n Daglöhnerhuus vun 'e Söruper Kant. Sien Vadder harr em as eensige Kind en lütte Kaat verarvt, dat he sik gans eben vör de erste Krieg en feine Huus buen kunn. Aver as ik 1910/11 dat veerte un föffte Schooljohr afseet, hett sien Vadder wull noch leevt. Dor weer sien Geld wull nich so rieklich. Jeder Morgen, wenn wi wat to schrieven harrn, stunn he achter uns un teller sien Geld. Disse düchdige un angesehne Mann harr nämlich en Fehler: he drunk mehr as he afkunn. He harr sik wull vun so 'n versapene Kirls verföhrn laten. Wi Kinner hemm em dat nich nadragen. As 1914 de Krieg utbreken dee, wurr he glieks intrucken un is denn uk bald fullen. He hört to de paar Lüde, de mien Lebenserfolg in 'e Hännen hatt un tum Guden hulpen hemm.

1912 keem ik in de sösste Klass. Dor seeten de grote Junges vun dat sösste bet negente Schooljohr. De Klassenlehrer heeter Peter Schmidt Holländer. He hett nix Gudes un nix Schlechtes to mi seggt. Eenmal hett he mi aver gans schön bang maakt. In unse Klass harrn wi noch de oolddaatsche lange Bänke. Un siet ole Tieden harr jeder sien Naam in sien Platz schnitzt. As nu de Harvsferien keemen, harr ik al vörher de sösste un söövte Johrgang översprungen. Un as ik nu dat achte Schooljohr uk noch översprung, schnee ik mien Naam in mien Platz. Schmidt Holländer harr sik dat aver wull afluert; denn he sä to mi: „Ich werde auf Kosten deines Vaters beim Tischler eine neue Bank bestellen." Dor weer ik natürlich bös in 'e Moors knepen. Aver he hett dat denn doch nich daan. Bald durf ik denn uk mit dat negente Schooljohr reken. Wi rekern Upgaben in 'e Kopp, de de twete Klass in 'e Präparandenanstalt in Kappel schriftlich reken dee. So gud ik stellt weer bi Peter Schmidt, so heff ik vun em doch de eensige Prügel in mien ganse Schooltiet kregen. Ik harr mit Gewalt bi Vadder dörsett, worüm, dat weet ik hütigen Daags noch nich, dat ik holten Holtschoh anhemm durf to School, mit 'n Strohflecht in gegen de Küll, obgliek ik lange Steveln harr. Wi harrn do jo noch Namiddags Ünnerricht. As ik in 'e lange Middagspause mien Broot upeten harr, wull ik dat Brootpapier in 'e Aaben steken. Dorbi brenner ik mi de Fingern. Dat wull ik nich uk noch bi 't Tomaken. Ik schloog de Aabendör to mit de Holtschoh. Nu is de Schwung jo sacht en beten stark wesen: de verdreihte Aabendör full in twee Stücken dal up 'e Dääl. Nu weer hunnert un een ut. Wohrschienlich wull Peter Schmidt nu en nie Aaben bestellen. As he nu in 'e Klass keem, weer he meist över de Stücken vun de Aabendör fullen. He fraager blots: „Wer?" Ik meller mi glieks. Dor kreeg he so Gott [wahrhaftig] de Stock her, schleper mi na de eerste Bank, wo Junges ut it negente Schooljohr seeten. Twee so 'n Riesen reeten mi glieks över de Disch, ik weer jo man lütt un schmächtig, un Peter Schmidt langer tweemal ut mit de Stock. Ik sä keen Ton un maker, dat ik up mien Platz keem. In 'e Pause sä een vun de Groten: „Na, dat weer wat anneres as Reken, wat?" Dor kunn ik jo nix to seggen, wenn ik nich leegen wull.

Peter Schmidt weer vun all de Lehrers sacht de wullhabnste (wohlhabendste). He weer en bannig düchdige Lehrer un harr en grote Ansehn in 'e Gemeen. He harr de Geflügelzuchtvereen gründet un harr de Wyandotte-Höhner inführt. Mit sien Schölers maker he jeder Johr en Barg Brenn- un Schnitzarbeiten as Gewinne för de Volkswohlvereen. De Süderbraruper School harr dör sien düchdige Lehrers, nich toletzt dör Schmidt Holländer, en grote Ruf. En ganse Reeg vun Schölers ut de Ümgevung un uk vun wieder her gungen in Süderbrarup to School. Wecken wahnern bi Jäger un Schmidt Holländer. Köster Hinrichsen harr mehr as 'n Dutz Privatschölers ut Süderbrarup un Ümgegend, de na dree Johr vun 'e Gymnasien in Flensburg, Schleswig un Eckerför je na Leistung in 'e Quarta oder Ünnertertia upnahmen wurrn. Ik heff siet 1912 bet 1916 Privatstunnen kregen. Dat weer nich billig; denn de Köster nehm 150 Mark in 't Johr, dat weer domals en Barg Geld. Aver ik heff dorvun en grote Vördeel hatt. Köster Hinrichsen hett it dör sien grote Erfolge ferdig bröcht, dat de Höhere Privatschool, de dör kümmerliche un versapene Lehrkräfte en schlechte Ruf harr, schlüten müsster. As na de eerste Weltkrieg en Mittelschool inrichtet warrn schull, hett de Gemeen dat nich daan, ohne em üm Raat to fragen.

Ostern 1914 wurrn Ünnericht un Klassentall in 'e School ännert. An 'e nie Schoolhuus weern twee Klassen anbuut wurrn. De beide Bövelklassen (Oberklassen) wurrn anners indeelt: in Klass söss seeten Junges un Deerns vun 't sösste un söövte Schooljahr; in Klass söven seeten de Deerns vun 't achte un Junges vun achte un neegte Schooljohr. To glieke Tiet wurr de Köster Rektor.

Uk in 'e Ünnericht geev dat Ännerungs. De Fächer Geschichte, Naturlehre un Naturkunde sullen gründlicher behannelt warrn. Jäger sull in Klass söven, wo ik nu weer, in Naturkunde ünnerrichten. He harr uk eernste Afsichten un bereiter sik up jeder Stunn schriftlich vör. De Köster geev Physik mit gans moderne Lehrmitteln. Ik kann gud de Behandlung vun Telefon un Telegraf erinnern. Leider weer dat jo bald vörbi mit disse Verbeterungs. De Krieg keem, wecke Lehrers wurrn intrucken, un de School müsster sik helpen, so gud as it gung. De nie Klassenindeelung bleev.

De Köster weer en ungewöhnlich düchdige Lehrer. He weer hart gegen sik selver. Sien Familienverhältnisse weern schwor. An sien Disch seeten tein Kinner, vun de fullen veer

Junges in 'e Krieg un een Dochter sturv an Gehirnentsündung. Sien Fru kunn sik vör Gelenkrheumatismus knapp röhren. Wenn wi morgens to School keemen, kunnen wi dör de Gedinen sehn, dat he Betten maken dee. Ehr he Rektor warrn kunn, müsster he eers de Mittelschoollehrerprüfung in Englisch un Französisch maken. Un denn harr he sien Kösterdeenst un en Dutz Privatschülers. Un he maker allns eerstklassig. Vun em heff ik lehrt, dat man vun morgens bet abends schwor arbeiten mutt, wenn man as Schoolmeister to wat kamen will.

Blots een Deel, heff ik mi vörnahmen, wull ik as Lehrer anners maken: ik wull de Kinner un Kollegen för de Arbeit interesseern, dat se Spaaß an 'e Arbeit harrn. Ik bin dormit gud dör 't Leben kamen, wenn ik leider uk mitünner de Geduld verlor. De Köster weer leider en Knuffel. He weer nich blots streng, he dee uk veel Unrech. Ik heff man eenmal sehn, dat he 'n Stock bruukt hett; gewöhnlich buxer he mit de vulle Fuust, Junges un Deerns, Schulligen un Unschulligen, Dummen un Fulen. He buxer, wo he dreep, up 'e Arms, up 'e Rüch, in 'e Rippen. Dat dee he nich blots in 'e School, he dee it uk in 'e Privatstunnen. Dor knuffeler he een Jung, dat he sien Water över de Stohl un lang de Dääl lopen leet. Dat weer nich eenmal; dat weer ümmer wedder. Wi seeten up rode Plüschstöhle. Disse Jung müsster ümmer up de selvige Stohl sitten, de weer gans bruun wurrn. En anner schweeter vör Angst so dull, dat em de Schweet över de Backen dalleep up 'e Jack. Sicher vör em weern blots de, de wat kunnen un wat wulln.

De Köster weer hillig un wull, dat de meisten vun sien Junges Preester wurrn. He hett uk versöcht, dat ik Preester warrn sull. Vadder wull leever, dat ik Dokter warrn sull un fraager mi, wat ik warrn wull. Ik sä aver, dat ik nich Preester warrn wull, wiel ik de Lüde nix vörleegen wull, un Dokter wull ik nich warrn, wiel mi dat to schietig weer. So eenigten wi uns up Schoolmeister.

Nu weer ik för de drütte Präparandenklass veel to wiet. Dorüm wurr ik anmeldt to de tweede Klass. Dat müsster aver vun 't Kultusministerium in Berlin tolaten warrn. So müsster dat Provinzialkollegium (Oberpräsident) de Andrag na Berlin wiedergeven. De Andrag wurr genehmigt, wenn ik de Upnahmeprüfung in de tweede Präparandenklass mit mindestens „Befriedigend" in alle Fächer bestahn dee. Nu sull ik mit de drütte Klass de Övergangsprüfung na de tweede Klass maken. De Prüfung durer söss Daag, dree Daag schriftlich un dree Daag mündlich. So 'n Prüfung müsstern de Präparanden alle halve Johr maken. To de Fächer höre uk Klavier- un Geigenspelen. De Präparandenanstaltsvörsteher sä to Vadder: „Erwarten Sie nicht zuviel; es gibt keinen Volksschüler, der das kann." Vadder antworter up Plattdütsch: „Dat hett de Köster aver seggt, un de hett uk seggt, de Jung kann nich dörfallen." Vadder schnacker Plattdütsch mit jedereen, vun sien Kinner bet to de leeve Gott.

Ik weer uk gud vörbereidet. Vun Ostern 1915 an harr ik to de Arbeiden för de Volksschool uk allns lehrt, wat de drütte Präparandenklass maken dee. De Broder vun en Lehrerin vun unse School besöchter de drütte Klass vun de Präparandenanstalt. He geev mi jeder Wuch en Seddel mit all de Themen, de he in de letzte Wuch lehrt harr. Ik harr de Schoolböker, de se in Kappel brukern un lehrer allens mit. Musikünnerich kreeg ik bi de Köster. Dat weer nich ümmer licht. Ik kann gud erinnern, dat ik in Reken dat Ümreken vun dat Dezimalsystem in dat Tweer, Vererer, Achtersystem usw. nich begriepen kunn. Ik heff meist veertein Daag dorbi seten. De Köster oder de Präparand dorna to fragen, weer mien Ehr to neech. Schließlich kreeg ik dat uk herut.

De Maandag na de Kunfematschon fung de Wuch för de schriftliche Prüfung an. Ik weer de Sünndag ferdig mit de Abendsüssel bi de Köh un stunn nu en Ogenblick mank de

Seminaristenfeier in Kappeln,
Fritz Simonsen ganz links

Kälver. De drängern sik üm mi un schlickern mi un weern so warm. Dor wüsster ik, dat ik mien ganse Lebenstiet na Huus lengen wurr. Ik bin dorüm nich unglücklich wesen. Ik heff mi ümso mehr freut över mien schöne Kindheit un mien feine Öllernhuus.

Maandag morgen fohrer ik mit de Broder vun 'e Lehrerin up it Rad na Kappel. Ik gung mit in 'e Klass un setter mi up 'n Platz in 'e letzte Reeg. De annern gungen na baben in 'e Aula to Andacht. Ik bleev alleen nerrn un harr dat eerste un letzte Mal Angst vör dat, wat nu keem. Nu keemen dree Daag schriftliche Prüfung. Ik heff nich veel dorvun beholn. Blots dat Thema in Biologie heff ik nich vergeten: Das Wildschwein. Dor harr ik de beste Arbeit levert, wurr bekanntgeben. Ik kunn aver uk de Themen in de anner Fächer; aver dor hemm wull wecke mehr wat kunnt. In 'e Wuch dorna harrn wi mündliche Prüfung. Uk dorvun heff ik wieder nix beholn. Blots, wat de beide grote Torposten in de salomonische Tempel heetern, wüsster ik nich. Ik harr de Prüfung aver al bestahn in 'e Rekenprüfung. In 'e

Krieg, dat weer 1916, weern an 'e Präparandenanstalt blots noch twee Lehrkräfte na: de Vörsteher Gröndal un de Präparandenlehrer Peters. Wiel de eene prüfen un de anner Protokoll föhren müsster, kunnen se de Prüfung för de drütte un tweede Klass nich in dree Daag schaffen (de eerste Klass harr de Afgangsprüfung al vörher afleggt). Dorüm wurrn de beide Klassen in een Ruum prüft. In Reken wurrn togliek mit uns fief schlechte Schölers vun de tweede Klass för de Övergang to de eerste Klass prüft. Dorvun stunnen de fief an de Wandtafel un schullen schwore algebraische Upgaben lösen. Dat kunnen se all fief nich. Uk vun de beide Klassen, de dor seeten, kunn dat keen. De Vörsteher weer al gans nervös un fraager denn nochmal: „Kann denn niemand das rechnen?“ Dor melder ik mi. Eers seecher Gröndal över mi weg. Schließlich sä he to mi: „Was willst du, kannst du nicht warten bis zur Pause?“ Dor sä ik: „Ich möchte die Aufgaben vorrechnen.“ Dor sä he: „Das kannst du nicht; aber versuche dein Glück!“ Ik rekner nu de fief Upgaben in 'e Reeg ut de Kopp vör. Mann, he kreeg de Mund nich to. Vun dor an wurr ik in keen Fach mehr prüft; ik harr bestahn.

Kinnergill

Eenmal in 't Johr harrn wi Schoolkinner en grote Fest, dat weer de Kinnergill. Dat weer man schaad, de Lehrers weern sik nich eenig. De Köster un Schmidt Holländer weern so hillig, dat se meenern, se kunnen dat Fest nich mitmaken. Aver sünst make dat ganse Dörp mit. Vörher harrn de öllere Schölers vun Huus to Huus sammelt. De Lehrers harrn Geschenke för se's Klass köfft. De Öllern harrn dat beste Tüg vun se's Kinner nasehn, ob uk allns noch fein noog weer, sünst müsster dit oder dat nie köfft warrn. De Gill weer in 'e letzte Daag vör de Sommerferien. De Daag vörher wurrn de Goorns plünnert. De Junges harrn dat uk hild, hauptsächlich de grötteren. De lütteren müsstern sik en Fahn besorgen. Ik harr en Kaiserstandarte. Wi harrn jo noch en Kaiser, un överall, wo he sik uphöller, wurr de Kaiserstandarte hochtrucken.

Morgens Klock acht weer Antreten up it Schoolplatz, jeder Klass för sik. Dat geev en lange Tog, de School harr so eben vör de erste Krieg sacht an 'e Kant en dreehunnert Kinner. Vörut gung de König vun 't vörige Johr mit wecke Fahns. Denn keem de Kapell. Schooster Mund un August Bruhn wesselten sik jedes Johr af. Un denn keemen all de Kinner. De gröttere Deerns harrn Bögeln (Bügel) vun 'e Bötjer mit Blomen schmückt; de lütteren harrn Blomenstöcke. De lüttere Junges drogen se's Fahns. De gröttere Junges harrn Helms mit 'n Fedderbusch. De Groten harrn uk Uniformrock un -büx. Dor wurr ümmer seggt, dat weern schleswig-holsteinische Uniformen vun 'e Erhebung vun 1848. Ob dat stimmt hett, weet ik nich. Dat Schwierigste för uns weer un kriegen en richdige Sävel; denn lange Säveln weern in Süderbrarup knapp. Ik heff eenmal een lehnt in Gürottstamm un eenmal een in Kiesby. De Säveldrägers gungen all an 'e Siet vun 'e Tog. De Tog marscheerer dör dat ganse Dörp. Överall hungen de Fahns ut. De Straten weern vull vun Lüde, de de Tog sehn wulln. De marscheerer na de Kroog, wo dat Fest fiert wurr. De dree Kröög in 't Dörp, de en grote Saal harrn, Wendts Tivoli, Angler Hof un Börs, wesselten mitenanner af. In 'e Goorn wurrn de Wettspeele maakt. Dor kunn man all de ole Speele weddersehn: Puttschlaan, Sacklopen, Eierlopen usw. De Kinner weern mit Spaaß, Iewer un Upregung dorbi. De grote Junges schooten mit de Armbrust. Dor sammelten sik de Männer un geeven de Schützen gude Raatschläge. Wer dat letzte Stück vun de Vagel afschoot, weer König. He kreeg dat gröttste Gewinst, en Klock. Namiddags weer Dans. De Lehrers wesselten sik af in 'e Upsicht. Se passten up, dat dor keen grote Lüde mitdansten. Wenn mal so 'n lütte Ding mit Vadder oder Mudder dansen dee, keeken se weg. Wenn de Karkenklock negen schloog, weer dat Fest ut. Wieck höller de Schlussrede. Denn nickten de Lüde un sään toenanner: „Dat hett he gud seggt." Dat weer de eensige Ogenblick in 't ganse Johr, wo uk he to sien Rech keem.

Ik heff eben vun it Dansen spraken. To Kinnergill wurrn de Öllern dat wies, wo schön dat is, wenn de Kinner dansen könen. As wi Kinner weern, gungen de Kinner vun Öllern, de sik to de Mittelstand reken deen, all to Dansschool. Ik bin in de Winter, ehr ik to School keem, dat eerste Mal to Dansschool gahn. Im gansen bin ik veermal to Dansschool wesen. Doddi is gewiss jeder Johr henwesen. De eerste Danslehrer heeter Molzen un keem ut Schleswig. Mit em weer ik toeers ring (schlecht; dä.) an. He sprook jo hochdütsch, un ik harr noch nümmer en hochdütsche Wort hört. Dat dure lang, ehr ik verstahn kunn, wat he vun mi wull, un he weer teemlig untierig (ungeduldig) mit mi. Aver dat keem doch torecht mit uns. To Afdansball keem he in Frack un Lacksteveln. Aver ik danser driest dorup los. Baben up 'e Galerie seet Hans Ernst, he weer domals een vun unse Navers. He wull Doddi un mi uk dansen sehn. He weer en gans grote Kirl mit 'n deepe Stimm. He schnacker ümmer hoch in 'e Rüst (mit lauter Stimme). Up eenmal prahler he mit sien groffe Stimm dal in 'e Saal: „Ah, seht de lütte Fiete, wat kann he fein dansen." Ik weet nich, ob mi dat hulpen oder bremst hett. Ik weer do man en lütte blöde Krabaat (Junge).

De tweede Dansschool is wull een oder twee Johr später wesen. Dor keem ik al gud to Gang. Blots bi dat Figurendansen, Quadrille un Lancier, weer ik untofreden. Mien Daam weer so 'n lange Latt ut Dahthaht (Dollrottholz). Se weer sacht meist dubbelt so groot as ik. Disse Dansschool harrn wi noch bi Molzen. He hett denn wull upholn; he weer al en öllere Mann. Up jeden Fall keem denn Barbeer Andersen ut Süderbrarup. He weer uk noch Musiker in August Bruhn sien Kapell. Bi em heff ik noch tweemal en Dansschool mitmaakt; ik gloov, Doddi noch öfter. Thea mutt jo uk bald so wied wesen sien. Ik heff Andersen nie recht lieden mücht; ik weet eenlich nich worüm. Ik weer domals jo in 'e Flegeljohrn un bin viellicht en beten drieverig wesen.

Bi Tande Tidi

Tande Tidi weer de eensige Schwester vun Vadder. Unkel Krischunn weer en Broder vun Unkel Schulz. Se harrn en lütte Hökerie mit Landbedriev in Gahtahft (Goltoft) an 'e Schlie. Dat liggt twischen Ulsnis un Missunn. Mudder un Tande Tidi muchen enanner nich geern. Tande Tidi meener, se harr Mudders wegen nich genug ut de Besitz mitkregen. Dit unglückliche Verhältnis överdroog sik wull uk up dat Verhältnis twischen Mudder un Homa. De Niesten (Funken; dä.) bleeven ünner de Asch. As Kinner hemm wi nix wieder dorvun markt, un as wi grötter wurrn, hemm wi uns nix wieder dorut maakt. Wi müchten se jo all dree schrecklich geern. Wenigstens wi Groten, Doddi un ik, harrn in Gahtahft unse tweede Heimat. In 'e meiste Ferien weern wi wecke Daag dor, in 'e Sommerferien sacht acht bis veertein Daag. Dor funn sik ümmer en Gelegenheit för hen un hertokamen. As wi grötter wurrn, fohrten wi uk mit Zug un Damper.

To Pingsten fohr Unkel Krischunn meisttiet een Dag mit uns na Ulsnisland un een Dag na Missunn. Dor stunnen wi denn un gaapten up dat Dansen. Mitünner prahler denn uk een to uns: „Gaapstock (Gaffer; dä.), giff de Höhner wat. Giff se nich toveel; denn schieten se di up 'e Dääl.“ Wenn de Damper keem oder Segelböde, gungen wi na de Brüch. Wenn wi Geld harrn, drunken wi en Brause oder stoken en Gröschen in 'e Automat för Schokolaad. Öfters kreegen wi uk Kaffee, wenn Tande Tidi Koken mitnahmen harr. Mitünner maker Unkel Krischunn mit uns en Utflug mit de Fähr över de Schlie. Eenmal weern wi mit de Waag in Louisenlund un mit de Damper na Siesby to Unkel Krischunn sien Schwester, Tande Anna un ehr Mann Theodor Voigt. Se harrn en Bäckerie. Tande Anna weer dör Deenstjohrn up 'e Hööf (Güter) en gans obstinaatsche Fru worrn. Se dee, as wenn se keen Plattdütsch mehr spreken kunn. Se maker ümmer so veel Ambraas (frz. embarras = Aufsehen). In 'e Familie wurr doröver lacht un Geschichten vertellt: Tande Anna sull mal wat up it Amt quitteern un ünnerschrieven. Dor sä de Beamte to ehr: „So, Fru Voigt, nu möten Se hier mal ünnerschrieven. Aver wenn Se nich schrieven könen, maken Se man dree Krüzen." Tande Anna verteller: „Da hab ich ihn bloß angesehen und unterschrieb wie gestochen." Unkel Krischunn is uk mal mit mi över de Schlie rudert na Bohnert, wo sien Broder de Besitz harr, un sien Mudder up it Afnehm seet.

Een Tour fohrten wi jeder Abend: na de Kuppel to melken. Een Kuppel, de am wiedsten afleeg, harr de merkwürdige Naam Krachenipp (Krähenschnabel; dä.). Wi spelten natürlich mit de Gahtahfter Kinner un lehrten uk de Lüde kennen. Am besten beholen heff ik Friech Kohschiet. Dat weer en grote Mügel [sprich Müchel, plumper, starker Kerl; dä.]. Worüm he so heeter, weet ik nich. He arbeiter bi Unkel Krischunn as Daglöhner. De Gahtahfter harrn en schmucke Hund, en irische Setter mit de vörnehme Naam Lord. As wi noch lütt weern, fohrer de Deern mit 'n to melken. De Daag bi Tande Tidi hörn för Doddi un mi to unse schönste Kindheitserinnerungen.

De Naverschupp

Wi wahnern gans alleen. Unse dree neechste Navers wahnern so üm un bi 150 Meter vun unse Huus af. Eben so wiet weer dat vun uns bet an de Landstraat na Kiesby un Lindaunis. De

Privatweg vun uns na de Straat wurr afschlaten dör unse Stratenheck. De eensige öffentliche Verbindung mit de Ümwelt weer en Karkenstieg, de stramm an unse Hoff (Garten) vörbigung. De Hüser, de to unse Naverschup hörten, leegen deels up 'e Süderbraruper Roy (Rodung), deels up 'e Dahtfelder Roy. Unse Huus weer dat letzte vun de Süderbraruper Roy. Dat Land vun 'e Roy is gut un teemlig lehmig. In ole Tieden bedüder de Naverschupp mehr as hüt to Daags. Fröher heeter dat Hülp un Bistand to jeder Tiet. As ik Kind weer, wurr disse Hülp al meisttiet nich mehr anspraken, de weer aver uk noch nich gans vergeten. De Navers keemen noch en enkelte (einzelnes) Mal tosamen, aver de Braruper un de Dahtfelder Roy weern trennt. Wi keemen to beiden. In mien Kindheit weern blots twee Buern in 'e Dahtfelder Roy, de mehr as een Peerd harrn. Dorüm müsstern se ümmer de Liekenwaag fohrn. Dokter- un Hebammenfohrn kunnen se bet up dree, veer Familien all. Natürlich harrn de Navers uk intospringen, wenn een vun se wegen Krankheit nich sien Land bestellen kunn. Ik weet blots vun twee Fälle in mien Kindheit, dat de Naverschupp hett inspringen müsst. As mien Schwester sturf, hett een vun de beide gröttere Buern de Liekenwaag fohrn. As een vun 'e Kötners dat Huus afbrenner, hemm de Navers Steen un Holt för de Niebu fohrn.

Unkel Schulz weer för uns de beste Mann un de beste Naver. Sien Vadder harr 'n Buerstä in Bohnert up Güntsiet (Schwansen). De öllste Broder harr de Besitz kregen, un Unkel Schulz un sien jüngere Bröder (uck Unkel Krischunn) müsstern sik wat söken. Unkel Schulz köffter sik 'n Kaat to 'n paar Köh in Dahtfeld. He söchter un funn de schwörste un am besten betahlte Arbeit: Mergel graben. He weer en grote, starke Kirl un kunn dat af. Na en Reeg vun Johrn harr he soveel tohopenarbeidet un spaart, dat he 'n lütte Besitz in 'e Roy kopen kunn. He un Tande Schulz, jeder up sien Wies, weern lieker düchdig.

In un üm it Huus weer alles sauber un in de Reeg, as wenn dat Sünndag weer. Immer wenn wi mit 'n Warf (Gewerbe, Auftrag) keemen, kreegen wi twee Kooken, en brune Plätt mit Suckerguss babenup un 'n span'sche Wind. Unkel un Tande Schulz weern, wo se keemen, ümmer fein in Tüg.

Unkel Schulz kunn alles. He kunn großordig üm mit Peere. Dat geev keen Peerd, wat he nich tolehrn kunn. He kunn uk bi de meiste Vehkrankheiten helpen. Wenn 'n Peerd Kropp (Drüsenentzündung) harr oder Kolik, denn wurr he eers fraagt, un öft kunn he al helpen oder he sä: „Ju möten de Tierarzt hemm.“ Wenn 'n Koh Trommelsük harr, wüsster he Raat. He kunn de Borgfarkens schnieden. As ik noch gans lütt weer, bin ik mal mit Vadder na Schulzes gahn. Dor nehm Unkel Schulz grade dat Peerd ut, wat he wegen Kolik harr schlachten müsst. He hett bi uns ut reine Gefälligkeit Schwien, Schaap un Kälwer schlachtet.

Unkel Schulz kunn großordig vertellen, ümmer ut sien Güntsieder Heimat, ümmer ut sien junge Johrn, as he noch up 'e Hööf deenen dee un sik, ümmer ünner Lebensgefohr, mit sien Kollegen üm de Deerns schloog. Man dörste em blots nich vertörn, denn he weer 'n Niesterkopp un weer kort bi 't Heck (leicht erregt). Wi kennern em aver blots as gud, fröhlich un hilfsbereit. He harr en gude Gemüt un wahner dich an 't Water un weener gau, wenn em wat an 't Hart gahn dee.

Jacob Marquardsen kunn sik as Persönlichkeit mit Unkel Schulz nich meten. Aver wi freuten uns uk, wenn he keem; denn wenn he gung, weern wi all vull Lachen un makern na, wat he so an Utschläg (Redensarten) maakt harr. Eenmal gung he mit Unkel Schulz vun 't Dörp to Huus un wull em afsluuts mit inhemm to Middageten. „Kumm mit in, Heinerich. Du schasst Gottverdaxich sehn, wat mien Fru tokaakt hett. Du schasst jo weeten, Heinerich, dat wi grade schlachtet hemm; dor gifft dat wat vör 't Mess, du.“ Schließlich geiht Unkel Schulz mit in. „Nu schasst du Gottverdaxich sehn, wat it gifft." Tande Marquardsen is nich in 'e Köök. Jakob geiht an 't Herd un nimmt de Grapendeckel hoch, lett 'n aver glieks wedder fallen. „Ah, Heinerich, dat sünd man Schwiensöhren." En annermal gung Unkel Marquardsen nachts mit Unkel Schulz vun 'e Meierieversammlung to Huus. Meierieversammlung is blots en anner Wort för Haarbüdel. Denn drunk jeder Minsch, de it ehrlich meener, so veel Krock, dat he 't mit de Finger langen kunn. So gungen Unkel Marquardsen un Unkel Schulz mit 'n Kanoon (=Haarbeutel) na Middernacht to Huus. Dat weer bi Winterdag un grulig koold. Nu geiht dor so 'n hunnert Meter vun Jakob sien Huus en öffentliche Waterloop bisiets vun de Straat lang. Denn geiht 'n ünner de Weg dör un bi en Siel in en grote Röhr. Dor, wo de Waterloop ünner de Weg na 't Siel afböögt, geiht 'n direkt an 'e Footstieg heran. Dor geiht dat ohne Ööver (Ufer) so üm un bi en annerthalf Meter steil dal na 't Water. Grade bi dat Stä rutsche Jakob in 'e Bek: „Gottverdaxich, Heinerich, help mi gau herut." Bi dat Stä kunn Unkel Schulz em aver nich langen (erreichen). So müsster Jakob mit Kröönen un Stöhnen en föfftig Meter in 'e Bek lang pluutschen, bet Unkel Schulz em ruttrecken kunn.

Eenmal kreeg Jakob en grote Haarbüdel bi Schulzens. Dor is wat Besunneres los wesen; denn anners as bi de grote Familienfesten geev dat nix wieder to drinken. Up jeden Fall harr dat ditmal satt geben. Unkel Schulz un Vadder müsstern Jakob ünner de Arm nehmen un to Huus schlepen. Achter se gungen de Frunslüde un ameseerten sik bet up Tande Marquardsen. Se prahler gans besorgt: „Nee, mein Gott, Jakob doch, du bist jo rein beenlos!"

Jeder Sommer maker de Melkklub (Milchwagengenossenschaft) en Utflug na de schönste Stäen in Angeln. Eenmal weern se in Steenbarghaff. Se fohrten en Stä in en Kroog vör un wullen wat eten. De Krögerfru weer mächdig upkratzt över so 'n Barg Kundschaft un sä: „Frische Supp könen ju kriegen." Dor harrn se Smuul (Neigung) to. De Supp schmecker gud, un se eeten düchdig. De Krögerfru weer bannig liekup (erfreut; dä.). As se nu wiederfohrten, stunn se noch buten vör de Dör un weuder (winkte) noch lang mit ehr Schört. Aver in 'e Nacht kreegen se alle Mann keen Ruh, so 'n schreckliche Döörfall harrn se. Se geeven natürlich de upkratzte Krögerfru un ehr frische Supp de Schuld. – Jakob seet namiddags in 'e Stuuv un passer noch ümmer up sien „Rendsburger Marsch" (Durchfall). To Mallöör keem de Schooster Peter Möller un fohr sik mit sien schwore Schohwaag liek vör Jakob sien Huus fast un kunn nich wedder loskamen. Dor keem he rin na Jakob un bee üm Hülp. Jakob sä: „Gottverdaxich, Peter, ik dörf mi nich röhrn, ik heff so schrecklich de Diree (Diarrhoe)." Peter Möller meener: „Dat is jo schlimm genug mit dien Leiden; aver du kanns mi jo nich hier sitten laten." Jakob weer jo nich so, haler en grote Wach (Hebebaum) un gung mit. Peter Möller meener: „Jakob, du musst man de Wach drücken, ik nimm denn dat Peerd bi de Kopp." „Jo, Gottverdaxich, Peter," seggt Jakob, „wat heet hier drücken, ik heff so schrecklich de Diree."

Mit Jakob sien Landwirtschaft weer dat nich wiet her. He sparer an Arbeit un an Schiet (Kunstdünger). De Rehen geev he de Schuld: „Nä, Gottverdaxich, Heinerich, de hiere Rehen, du, de freten di allns weg." De ole Jakob hett so fröhlich leevt un müsster so elendig starben. As se sien golden Hochtiet fiern deen, wurr he wedder „so beenlos". Dor schlepern sien beide grote Söhns em in 'e kole Peerestall un leeten em dor liggen. As se morgens wedder to em seechern, weer he doot.

Dicht bi Marquardsens wahner Ferdinand Jessen up 'n Kaat to 'n paar Köh. He hett bi uns öfters arbeidet as Daglöhner. Sien Huus brenner vör de eerste Krieg af. So keem he to en nie Huus. Toletzt gung he as Daglöhner up 'e Möhl. Dor drunken de Arbeiders öft mal een. Denn keem Ferdinand duhn an 't Huus. Eenmal recke he dat nich gans. As ik mirrn up 'e Namiddag vun 't Dörp keem, stunn Ferdinand bet an 'e Buk in 'e Waterloop. As he mi sehn dee, dreihe he mi gans sinnig de Rüch to. He hett sik wull doch scheneert. He weer sünst en gans solide Mann un keen Süper. Vun em sünd twee Wöre in unse Gedächtnis bleben, de ümmer mal wedder upwarmt warrn, wenn wi Geschwister tosamen sünd. Wenn he Fierabend harr un inkeem to Grütt eten, frager Vadder em: „Na, Ferdinand, kümmst du morgen wedder?" Denn antworter he gans still: „Jo, wenn ick leben un gesund bliev." Un wenn dat in de Oorntiet gegen de Harvst gung, sä he: „Wenn die Quitzbeern (Vogelbeeren) werden rot, geht die Middagstunde tot." Bi uns kreeg he natürlich ümmer en lütte Middagstunn.

Unse neechste Naver in 'e Dahtfelder Roy weern Thordsens. Tande Thordsen weer Homa ehr Nichte un Vadder sien Kusine. Se stunnen sik besunners gud, obgliek se noch 'n paar Hektar weniger Land harrn; aver se harrn keen Afnehm to ünnerholen un harrn uk man een Kind. Se weern beide düchdige Lüde. Merkwürdig weer, dat se en Deensdeern un keen Knech harrn. Unkel Thordsen harr 'n stieve Been, dat em aver nich wieder hindern dee. He weer nich gans licht to nehmen. He harr ümmer twee Meenungs. Wenn he wat entscheeden sull, sä he geern, „Up de eene Oort ja, up de anner Oort nä." Aver he weer klook un toverlässig. He is 'n ganse Reeg vun Johren Gemeenvörsteher för de Gemeen Dahtfeld wesen. Tande Thordsen harr en wunnerschöne Sopranstimm. Se weern överhaupt för Musik. Wenn dor mal en Örgeldreiher keem, denn dansern Unkel un Tande Thordsen up 'e Huusdääl. Se harrn en Speeluhr mit wecke Stücken. Unkel un Hans Thordsen spelern beide fein Mundharmonika mit Tungenschlag. Hans weer in 't Öller mit Doddi. He weer dat eensige Naverkind, mit dat wi spelen kunnen. Thordsens, Schulzes, Marquardsens un Vadder un Mudder weern all düchdige Lüde, de se's Arbeit verstunnen un passern. Wenn se utgahn deen, weern se fein in Tüg un kunnen sik överall sehn laten.

Unse neechste Naver weer de Landschaftsgärtner Adolf Henningsen un sien Fru Liese. Adolf hett unse Hoff (Garten) nie anleggt. Se weern nette Lüde, aver arm. Se hemm wull nix anners hatt as de Rente, un de weer domals man kleen. As Doddi un ik kleen weern, besöchtern wi se mitünner. Se harrn nämlich en Sieg, de eensige, de wi kennern. Wenn wi keemen, dorm wi de sehn. Wenn se namiddags bi de Kaffee seeten, wunnerten wi uns ümmer, dat se de hitte Kaffee in'e Ünnertass goten un denn düchdig pustern. Wenn se ferdig weern, steller Liese uk för uns en Ünnertass hen. Dorin leeg denn en Ünnertwieback mit 'n Stück Würfelsucker babenup. Dor goot se denn Kaffee över. Dat läpelten wi denn ut, dat schmecker aver fein! (Fröher backten all de Bäckers de Twiebacken selm. De wurrn as runde Brötchen backt un denn dörschneden. Denn kreeg man en Böveltwieback, de up de eene Siet rund weer un en Ünnertwieback, de up beide Sieden platt weer).

Utfohrn

In unse Familie geev dat eenlich veel Verkehr in de Verwandtschaft. Dat geev ümmer en grote Ackewars (Umstände; dä.). De Knech müsster dat beste Seelgeschirr putzen. Dat beste Geschirr hung up it Afnehm in 'e Kistenstuuv. Dor hung uk dat Sünndagsgeschirr. Dat dägliche Geschirr hung in 'e Peerestall. Bi dat beste Geschirr weer alles, wat Metall weer, blanke Niesülwer. Dat müsster jedesmal fein blank putzt warrn. De Ennen vun'e Reems wurrn in Lackledderhülsters (Hüllen; dä.) steken. De müsstern mit Lack blank maakt warrn. Dat Ledder wurr mit Schohkrem putzt. De beste Waag wurr wuschen un mit 'n Ledderdook afreven. Dat maker de Knech nich gud genug. Vadder weer uk bang, dat he Schrammen in 'e Lack maker. Waag waschen un schmeeren maker Vadder selm. De Polsters up 'e Wagenstöhl klopper he ut; denn wenn de Waag in 'e Wagenschuer uk ünner 'n Dääk stunn, so geev dat doch ümmer wedder Stoff. Wenn Vadder mit de Waag ferdig weer, wurr dat Peerd torechstutzt. De Mähn un de Steert wurrn fein utkämmt un stutzt. De Fesselhaar wurrn klippt. Denn müsster de Knech dat Peerd nochmal örndlich striegeln. Ik harr meist vergeten, dat dor nie Lichter in 'e Lüchters steken warrn müssten; denn wenn de Schandarm in Düstern en Waag ohne Lich dreep, geev dat Bröök. Meisttiet müsster Vadder uk noch de Rottensteert Pietsch (Sonntagspeitsche ohne Band) repereern. Bi dat Utfohrn vertörner he sik meisttiet mit dat Peerd; denn gung de Pietsch entwei un müsster mit en Fedderpoos flickt warrn.

Ik müsster to Dörps na de Waschanstalt un Vadder sien witte Kragen, Vörbläder un Manschetten halen. Doddi un Thea müsstern de Schoh putzen. Mudder lä för jeder vun uns dat beste Tüg hen. Vun 'e Strümp bet to de Hoot müsster allns nie utsehn. Vadder knöper uns as Regel för 't ganse Leben in: dat beste Tüg mutt vun Hack to Nack so utsehn, as wenn it nie ut de Laden kümmt. So mutt it uk plegt warrn. Dat geller uk för Vadder sien dree Kneppes, sien Sigarrntaschen un sien dree Messers. Wi harrn alle Mann dree Schlachten Tüg. Dat dägliche Tüg (Sommer un Winter för sik) harrn wi blots däglichen Dags to Huus an; dat Sünndagstüg weer för sünndags to Huus, för to Dörps un to School (Sommer un Winter för sik); dat beste Tüg weer för Fremmen (Besuch) un för 't Utfohrn. Dorto keemen för Vadder un Mudder: Gehrockantog mit Spint (Zylinderhut) un Halfschees (Kugelhut) un dat schwatte Kleed för Mudder för Kunfematschon, Verlobung, Hochtiet, Beerdigung un

Biecht (Beichte). Mudder packer dat Tüg vun 'e Strümp bet to de Hoot oder Mütz för uns all ut un packe 't uk wedder allns in.

Wenn ik so navertellen do, sünd wi eenlich fliedig utfohrn. As Homa ehr Geschwister noch leven deen, sünd wi bi jeder bestimmt eenmal in 't Johr wesen. Dat weern eersmal Tande Dors un Unkel Jakob, beide för sik in Süderbrarup, Tande Greten in Rahmkark (Rabenkirchen) un Tande Maria in Norderbrarup. Wo de Olen storven, gung de Verkehr mit de Jungen wieder. Am meisten, un wi Kinner am leevsten, fohrern wi to Vadder sien Schwester, Tande Tidi in Gahtahft (Goltoft). De schlimmste Tour weer ümmer to Unkel Krischunn sien Geburtsdag. De weer in 'e Januar. Wenn it denn Schnee geev, weern se öft stunnenlang ünnerwegens, de Fööt in 'e Pels Foottaschen, Mudder un Homa in Pelskragen, Schlengdöker un Kragen, Vadder mit sien grote Kaisermantel mit 'n Kraag bet över de Hännen. Wi Kinner dorm natürlich nich mit. Vadder un Unkel Schulz spannten bi disse Tour meisttiet tosamen. Denn föhlern se sik sicherer. Wenn wat passeern schull, weern se twee kräftige Kirls un harrn twee starke Peere vör.

Wi fohrern uk 'n paarmal in 't Johr to Mudder ehr Öllern, Homa un Hopa Dahtfeld. Doddi un ick hemm dor uk 'n paarmal schlapen. Wi weern denn ümmer en beten bang vör de Göös, am meisten natürlich vör de Ganner. Am leevsten möchen wi de lütte Gösslings lieden. Up Dahtfeld harrn se 'n Afnehmshuus, dat nich bewahnt weer. Dor spelern wi bi schlechte Weder. Am meisten Smuuls harr ik för dat grote Vagelbuer, wat dor stunn. Dat harr Homa Dahtfeld ehr Broder maakt. He weer, eben as Homa ehr ganse Familie, Seemann wesen. Leider weer dat Buer lerrig, aver man kunn dorvör sitten un so fein drömen vun all de bunte Vageln, de dor in sitten un Nester buun un Eier leggen un Jungen kriegen kunnen. Unkel Heine mutt en Barg Freud an 'e Tiere hatt hemm. He harr up Dahtfeld uk dat eerste Aquarium upstellt, dat ik sehn heff un dat mi veel Spaaß maken dee. Ik bin denn ümmer mit Mudder ehr Schwester Tande Frieda na Hanne Hansen sien Kuhl gahn un heff Waterflöhen fungen to de Fisch in 't Aquarium. Ik heff später uk 'n Barg Aquarien hatt. As wi grötter weern, sünd wi öfters bi Mudder ehr Broder Unkel Thede kamen, de de Besitz övernahmen harr. Vör allen Dingen keem Schwester Thea dor. Unkel Thede höller en Katteker (Eichhörnchen) in en Buer. Dor möchen wi geern na sehn, wenn de sien Sprünge maken dee. Dat weer man schaad, dat de eerste Weltkrieg bald keem un Unkel Thede in 'e eerste Wuchen full un all intwei gahn dee.

As Mudder ehr Schwester na Kappel verheiradet wurr, sünd wi dor wecke Mal wesen. Mudder ehr anner Schwester, Tande Dora, wahner in Kiel. Dat mag sien, dat Vadder un Mudder bi ehr wesen sünd; wi sünd as Kinner jedenfalls nich bi ehr kamen. Se keem aver öfters bi uns.

Enkelt keemen wi uk bi Mudder ehr Unkeln un Tanden, de all up grote Buerstäen seeten in Schnarup un Stutebüll. Wi sünd später uk enkelt mal na se's Dood bi se's Kinner kamen. Wi fohrten jeder Sommer uk mal na Arnis, wo Mudder bi ehr Hopa un Homa as Kind en paar Johr upwussen is. Uk wenn in 't Dörp wat Besunneres los weer (Theater, Wiehnachtsbazar, Militärkonzert, Brarupmarkt), hemm Vadder un Mudder mitünner fohrn.

Fremmen

„Fremmen" sünd in Wirklichkeit keen „Fremmen", se sünd veelmehr de neechste Verwandtschaft, wenn se to Besöök kamen.

Dat gifft twee Verwandtenkreisen, de Verwandten vun 'e Mann un de Verwandten vun 'e Fru. So weer dat wenigstens dörgahns bi uns. Ob dat wegen Mangel an Platz so weer, oder wiel se sik nich lieden muchen, weet ik nich. Up jeden Fall keemen de Geschwister vun Homa för sik. Dat weern Tande Dors un ehr Familie, Unkel Jakob un sien Familie, Tande Greten ut Rahmkark un ehr Familie, Tande Maria in Norderbrarup un ehr Familie un, wenn se grade in 't Land weern, Unkel Diederich un sien Familie. Mudder ehr Familienkreis weer lütter: eenlich blots Mudder un ehr Öllern un se's Geschwister, denn Unkel Heine ut Hamborg un sien Familie, Unkel Heinerich ut Mehlby. Vadders ganse Familie is tum letzten Mal all tosamen wesen to Homas 70. Geburtsdag. De Süderbraruper keemen wenigstens eenmal in 't Johr, de Gahtahfter öfter.

Mudder ehr Familie keem wenigstens to Schlachtersupp. Dat weer ümmer en ganse Fest. Denn keem uk Unkel Heinerich ut Mehlby bi Kappel. He maker denn de ganse Tour hen un torüch to Foots. Dat sünd so bummelig 15 Kilometer. To Middag geev dat frische Supp mit 'n Barg Fleeschklümp un Ries mit Rosinen. Dorna geev dat frische Fleesch vun it Schwien mit Bohnen, Arfen un Wuddeln un upstoovte Röven. Dorto geev dat noch Gurken, Kürbis, Beern, Quitten, Plummen, Jehannsbeergelee un Appelgelee. Namiddags geev dat Kaffee un Koken. Mudder harr selm brune un witte Plättn, Schrenkeln, Süsterkook un Schichttort backt. Dorto keemen vun 'e Bäcker Plaatkook, Kranskook un Halvergröschens (Kuchen mit Sahne, Buttercreme, Marzipan usw.) Na de Kaffee makern de Fruunslüde Handarbeiten. De öllere Fruens strichten un häkelten, de jüngeren stickten; un all schnackern se. De Mannslüde gungen na de Stallen un taxeerten dat Veeh. Wenn se wedder rinkeemen, schnackern se 'n beten un schmökern Sigarrn.

To Abendbroot geev dat wedder wat up 'e Disch. Gewöhnlich geev dat stoovte Kartüffeln un Frikadellen. Denn geev dat Achtgröschenskees (dat weer de beste Kees in 'e Hökerladen) un Mettwuss un Broot achterna. Vundag weer aver Schlachterfest, so müsster örntlich wat vun't Schwien up'e Disch. Mudder kunn ehr Kunst wull upwiesen: rökerde un kaakde Schink un Mettwuss vun't vörige Schwien, Sült (sauer eingemachtes Schweinefleisch, mit Pfeffer und Essig zu essen), Presskopp, Eier mit Anchofisch, de Mudder selm inleggt harr, Kees. Un denn dat allerbeste Broot up'e Welt: Mudders Groff- un Fienbroot. Dat hörer sik, allns to schmecken, wat up'e Disch keem. Domals weern de Kalorien noch nich erfunnen, de Minschen bangtomaken.

Denn geev dat noch wedder en Barg Praat (Spaß, Unterhaltung; dä.). Viellich geev dat noch 'n Grog. De Knech harr so lang in'e Köök seten un harr sik bannisch plegt. He harr de ganse Abend schmökt un versöcht, de Resten to verteern. He harr aver nich alles dalkregen. Nu keem Bott (Auftrag) to Anspannen. He seelt de Peere up (legt Sielengeschirr auf) un fohrt een Waag na de anner vör de Huusdör. De Lüde klarrn up; de Kutscher gifft de Knech en Drinkgeld un stiggt uk up. He nimmt Lei un Pietsch in'e Hand, un denn fohrn se af. Bald liggt dat Hoffplatz still, un de Fruunslüde stahn in de Köök un waschen up. Unkel Heinerich is al vörher gahn un is wull al bald to Huus. De meiste Fremmen keemen eers namiddags un bleeben to Abendbroot. Am öftesten keem Mudders Schwester Tande Dora, de Inspekter bi de Landesbrandkass in Kiel weer. Wenn se keem, harr se Gröschenstücken (Sahnekuchen zu 10 Pf) vun Kieler Bäckers mit. Bi uns geev dat jo man Halvergröschens, de man half so groot weern.

Regelmäßig jeder Sommer keem Homa Dahtfeld ehr Broder Unkel Heine. He weer för uns Kinner en interessante Persönlichkeit. He kunn großordig photographeern. He dreiher uk Sigarren un okuleerer hochstämmige Rosen. He weer „Twölfender“ up de Hamburger Hauptbahnhoff. He un Homa Dahtfeld stammten ut en ole Kapteinsfamilie ut Arnis, de up se's eegen Schoner up de Ost- un Nordsee herümsegelten. Vun disse Seemannsfamilie gifft dat veel to vertellen:

Eersmal weern de Mannslüde över alle Maten stark. As Unkel Heine kunfemeert worrn weer, sull he natürlich as Schippsjung up sien Vadder sien Schipp fohrn. As he de Morgen na Palmsünndag na 't Schipp gahn wull, seggt sien Vadder to em: „Nimm dat un dat mit up it Schipp!" Ik heff it wüsst, wat it weer, ik heff it aver vergeten. Up jeden Fall weern dat veer eense Deele, de jeder tein Liespund (een Liespund = 14 Pfund) wogen. De Jung bind de Dinger to twee un twee tosamen un geiht dormit gemütlich up it Schipp, dat 'n lütte 50 Meter wieder an 'e Kai vun Arnis leeg. As he an Deck kümmt, leggt he sien Last af. Nu weer dat Mo', dat 'n nie Schippsjung vun 'e Matrosen eersmal dat Tauenn örntlich to probeern kreeg. De Jung hett aver keen Smuuls (Neigung; dä.) up dat Schippstau. Dorüm schleit he eersmal en Ammer Water up ut de Schlie, ehr de Matrosen so wiet sünd. He will se jo nix doon, denn he sall jo nu eersmal en ganse Tiet in Guden mit se langkamen. Dorüm krempelt he eersmal de Hemdsärmeln up un fangt an, sik to waschen. As de Matrosen sien Arms sehn doon, verkrümeln se sik gans sinnig. As Unkel Heine as Matros up 'n grote Schipp fohrn dee, keemen se uk mal na Rio. De Matrosen vun dat Schipp settern sik in 'e neechste Habenwirtschaft un verteern se's Löhnung. As se torüchgungen na se's Schipp, sungen se, dat de Heide wackler. Üm se to Ruh to bringen, wurr en Flock Polizisten to Peerd insett. Dat weer wat för de Seelüde. Se greepen sik jeder en Peerd bi de Trensen un schoben de Stackels Tiere (unglückliche; dä.) rüchwarts in 'e Haben. Un denn makern se, dat se wegkeemen. Unkel Heine weer de letzte ut de Familie, de Seemann wesen weer. He is uk de eerste, de an Land storv. Bet to em sünd all de Schütten (die Familie Schütt) up See vergahn, toletzt Unkel Heines Broder, de in 'e Niejohrsnacht vun 1899 up 1900 bi Storm in 'e Englische Kanal ut 'e Mast flagen is.

Unkel Heines Vadder weer uk so 'n Breker vun Kirl. As he mal in Riga de Fracht afhaalt harr un mit dat Geld in 'e Tasch torüch up it Schipp wull, wurr he vun twee Banditen överfullen, de em dat Geld wegnehmen wullen. Dor hett he de beiden mit de Hand dootschlaan. So maker he sik Luft, dat he wegkamen kunn. Wi hemm also en Dootschläger in 'e Familie.

Unse Urgrootvadder harr dat tweete Gesicht. He stunn mal to Huus bi de Schliepsteen up it Hoffplatz un schlieper sien Mess. Dorbi fleuter he still vör sik hen. Up eenmal höllt he up un kickt hoch. Na en korte Tiet geiht he in. Dor seggt sien Fru to em: „Wat fehlt di? Du süchst jo so benaut ut.“ Eers will he nich herut dormit. Schließlich vertellt he: „Ik heff eben en Liekentog sehn. Unse Naver blifft bald doot. De Liekentog keem vun sien Hoffplatz dal. In 'e eerste Reeg gung sien Fru mit de Preester. Selm weer he nich in 'e Liekentog; so mutt he in 'e Sarg legen hemm.“ Urgroßvadder kunn uk seggen, wer sien Peere vör de Liekenwaag gungen, un wer se fohrn dee. Dat is uk allens indrapen. Dor sall dat Tügen för geben hemm. De Geschichte hett Mudder vertellt, un se is bi Urgrootmudder un Urgrootvadder groot wurrn. Se hett doran gloovt.

Se hett uk noch 'n Geschichte vertellt: Urgrootmudder un Urgrootvadder wulln mal Bekannten besöken buten up it Land. De Weg weer natt un schietig. Se gungen jeder up 'n Kant vun 'e Weg. Up eenmal seggt Urgrootvadder: „Kumm hier röver, du kanns dor nich gahn!“ Urgrootmudder antwortet gans patzig: „Dien Siet is ebenso schietig as mien Siet; ik gah hier gut.“ Up eenmal kreeg se 'n Stoot vun 'e Siet, dat se mirrn in 'e Schiet flüggt. „Sühst du wull," seggt Urgrootvadder, "du schusst up mi hört hemm, dor keem en Liekentog, de lett sik nich de Weg versperrn vun di.“

He hett uk mal seggt: „En Liekentog is nich so schrecklich antosehn as en Hochtiedstog. In en Liekentog gahn se all eernst vör sik hen; in 'n Hochtiedstog lachen se all un wiesen de Tähn.“ Mudder is geern bi ehr Grootöllern in Arnis wesen. Ehr to Willen sünd wi meist jeder Sommer in Arnis wesen un hemm dat Huus un dat Graff vun ehr Grootöllern sehn. Wi hemm all de Verwandten vun Mudders Verwandten besöcht, un se sünd uk bi uns wesen, wenn uk nich so öft. De Familie vun de Tüxens hemm sik wull nich so veel makt vun enanner as wi. Blots Mudders Unkel Fritz Tüxen hemm wi nümmer as verwandt ansehn. He is mitünner bi uns kamen, wenn he up 'e Stieg vörbikeem. He harr en Landbedriev mit 'n Kroog in Borne (Boren). Dorbi makelte he mit alle mögliche Kraam. He hett uns uk unse besunners schmucke Kachelaaben besorgt. De stamme ut it Kieler Schloss, wo domals de Kaiser sien Broder Prins Heinrich wahnen dee. Domals hett dat Schloss överall Sentralheizung kregen. An de Möller in Süderbrarup hett Fritz Tüxen en dichte Waag vermittelt. De weer uk ut dat Kieler Schloss. De Priörin vun dat Preetzer Kloster hett he uk wull vun allerhand Kraam afhulpen, wenn se sik nie inrichten dee. He schnacker geern över ehr un löver ehr uk: „De Priörin in Preetz is bannisch brilljant un gesmackvull." He harr sik so'n richdige Hudlerspraak (Hudler = Händler niederen Ranges) angewöhnt. He kunn interessant vertellen; man durf sik blots nich dorup verlaten, dat dat all wohr weer. Wenn he de Stieg hochkeem un een sä: „Dor kümmt Fritz Tüxen," denn truck Homa de Bänner vun ehr Mütz up un knütter se över de Kopp. Se wull geern jeder Wort vun Fritz Tüxen mithemm. Wenn he weg weer, sä se mitünner: „Ik hör em geern to; he lüggt so akkeraat". Dormit wull se seggen: „Över de selwe Saak lüggt he ümmer eens."

Dat Huus steiht in Truer

Tweemal in mien Kindheit hett it Truer in't Huus geben. Toeers storv Homa Dahtfeld. Se mutt veel vun uns holen hemm, denn wenn se to Dörps gung, bröchter se uns jeder en

Kremschnitt mit vun 'e Bäcker. Kremschnitt weer för uns Kinner dat Leckerste vun alle Halwergröschens.

Viellicht is se aver uk teemlig streng wesen; denn dat tweede, wat ik mi up besinnen kann, weer streng genug. Wi schleepen domals noch in 'e lütte ole Schlaapstuuv, wat naher de beste Stuuv weer. Nu harrn wi vun Mudder, wiel Homa Dahtfeld dor weer, Verlöv kregen, dat Licht brennen to laten. Nu schleepen wi jo nich gliek in. Wi hemm denn sacht en beten speelt un uns höögt un daan. Dor wurr de Dör upmaakt, un Homa Dahtfeld keem herin un puster, ohne en Wort to seggen, de Lamp ut. Dor weern wi musenstill. Aver wenn Doddi un wi tosamen sünd un up Homa Dahtfeld to spreken kamen, denn heet dat gliek: „Junge, Junge, de weer aver streng," un an de Kremschnitt denken wi nich. Viellicht sulln wi mehr an de Kremschnitt denken?

Se kreeg 1906/07 Krebs un müsster in 'e Nawinter 1907 na de Chirurgische Klinik in Kiel. Se överstunn dat aver nich un storv in Kiel. As Vadder dat Morgens vun 'e Meierie keem, bröchter he de Bescheed mit, dat Homa doot weer. Bi uns weer Backdag, un Mudder weer grade bi un böten de Backaaben an. Wi harrn domals noch de oolddaatsche apene Herd in 'e Kööк; un de Backaaben weer ünner dat eene Enn vun 'e Herd. Ik seh nu noch na all de Johrn, dat Vadder inkeem na de Köök un Mudder de Bescheed bröchter. Mudder leeg in 'e Kneen, mit 'n Stück Backholt in 'e Hand un weener. Ik kann mi uk noch dorup besinnen, dat Hopa Dahtfeld bi uns wesen is un mit Vadder beschnackt hett, wodennig Homa to Huus kamen schull. Liekfohrn weer een vun 'e Naverplichten, aver kunn dat uk gellen bi disse lange un schwore Tour? Schließlich hett he afmaakt mit Peter Iesen (Fuhrgeschäft un Plünnen- un Iesenhändler), dat he Homa halen dee. Ik kann mi up besinnen, dat wi achter de Finstern stahn un na Homa sehn hemm, as se mit ehr nerrn lang de Straat fohrn hemm.

De tweede Dodesfall dreep uns all noch veel schwörer. Dat weer de Dood vun unse lütte Schwester Käte. Se storv Anfang Juli 1910. Twee Daag vörher harrn unse Öllern en Wagentour na de Ostsee maakt mit de Navers, ik weet nich, mit de Korten- oder mit de Melkklub. Dat weer en herrliche Sommerweder de ganse Tiet. Homa schull Huus wohrn. Wi spelern all fröhlich buten un gungen abends ruhig un tofreden to Bett. Unse Öllern weern noch ünnerwegens. In 'e Nacht fung Käte schrecklich an to weenen un klager över Liefweh. Mudder versöchter, ehr to beruhigen, aver se weener ümmer duller. Schließlich haler Vadder noch bi Nacht un Nevel de Dokter. Domals haler man de Dokter noch mit de Waag af, dat weer billiger as wenn he up sien Auto keem. Un domals weer bet up de Arbeiters meist keen Minsch in 'n Krankenkass. De Dokter meener gliek, dat it en schwore Vergiftung weer. He frager, wat se de Dag över eten harr un ob se mit Blomen speelt harr. Ja, Blomen mit rode Beeren. Ob se dormit speelt un ob se se in 'e Mund hatt harr. Ja. Denn kunnen dat blots Maililien [Maiglöckchen] sien, wo wi en Bett vun in 'e Goorn harrn. Ik weet nich, wat de Dokter mit ehr maakt hett. Wi Kinner wunnerten uns doröver, dat wecke Mal up 'e Dag in 'e Meierie Ies haalt wurr. Aver dor is wull keen Raat un keen Hülp wesen. De tweede Dag, dat Abends, gung dat mit ehr schreckliche Lieden to Enns. Wi dree Kinner, Doddi, Thea un ik, weern in 'e Höhnerhagen. Worüm wi dor weern, weet ik nich, denn dat is dat eensige Mal, dat wi uns dor ohne Grund upholen hemm. Aver man is sik wull moden wesen, dat de lütte Käte up it Letzte leeg. Vadder keem denn uk bald ut to uns un sä, dat se doot weer.

Käte weer en lütte keutige (kecke) Deern. Wenn een vun uns Geschwistern ehr ähnlich sien schall, denn is dat Gretchen. Ik heff noch en gans lebennige Bild vun ehr vör Ogen: Wi weern bi to Döschen mit de Maschin. Ik weer buten un dreev dat Peerd. Käte weer bi mi. Se hung över de korte Göpelboom un leet sik so half mit rundschlepen. Se harr de Fööt an 'e Eere un gung langsam mit. Dit Bild, wat ik all mien Daag beholen heff, is mi leever as de Photographie, de Stüwe vun ehr as Liek maakt hett. Dor heff ik ümmer en Gruen vör hatt. Veele Johrn hett Vadder un Mudder dat Water lang de Backen dallopen, wenn se Wiehnachtsabend vör de Dannenboom stunnen. Dat is wull eers beter wurrn, as Heini un Gretchen geborn wurrn.

Dat sünd de beide eensige Dodesfälle in de engere Familie, solang wi Kinner weern. Aver noch tweemal weer een vun uns Geschwistern in höchste Gefohr. As Max veer Johr weer, dat is denn 1912 wesen, rutscher em en Stück Brustbonbon in 'e Hals dal. Wi all stunnen dorbi, as he ersticken dee, un kunnen nich helpen. Toletzt, as alles to spät schiener, langer Mudder mit ehr lange, schmiedige Fingern dal in 'e Hals un harr Glück; se kreeg de Bonbon faat un kunn de lüdde Max rerrn (retten). Ik kann siet de Tiet nich ansehn, wenn lüdde Kinner ganse Bonbon in 'e Mund steken.

Dat tweede Mal weer dat Heini. He kreeg en schwore Lungenentzündung, ehr he 'n Johr weer. Dagelang schwever he twischen Leben un Dood. Ik hör bet up disse Dag dat Kröcheln un Hoosten, wenn he keen Luft kriegen kunn. Genau dat dore Kröcheln un Hoosten kenner ik wedder, as ik so 'n lütte dördig Johr später Reimer in 't Bett funn, as ik mal vun Pinneberg to Huus keem. Ik wüsster glieks, wat dor los weer un reep de Dokter an. As he an 't Bett keem, sä he blots: „Lungenentzündung! Höchste Zeit!" He geev Reimer en gans nie Medizin, de de Dokter dat eerste Mal utprobeern dee. Reimer wurr gau gesund.

Wiehnachtstiet

De schönste Tiet in 't ganse Johr weer de Tiet üm Wiehnachten. Dor weer een Dag schöner as de annere. Vun Advent wüsstern un makern wi nix. Dat hörer mit to de School un bedüder, dat wi noch en Gesang mehr lehrn müsstern. Gottseidank full uns dat Lehrn nich suer. Vun Sankt Niklaas kennern wi nich mal de Naam. Wenn Anfang Dezember Wiehnachten anfung neeger to kamen, markern wi dat gans anners. Wenn dat en Morgen sik bi de Kinner ümsprok: „Dechow sien Wiehnachtsutstellung is ferdig," denn wüsstern wi, dat it bald Wiehnachten wurr. Wi harrn domals noch veer Daag in 'e Wuch uk namiddags School. Vun Klock twölf bet to Klock half twee harrn wi denn Middagspause. Denn bleeben de Kinner, de en wiedere Schoolweg harrn, middags in 'e School. Aver wenn Wiehnachten in Anmarsch weer, eeten wi gau unse Broot un gungen denn na de Hökerie vun Dechow. He rüme in de letzte Wuchen vör Wiehnachten en grote Deel vun sien Geschäft ut un bue en wunnerschöne Wiehnachtsutstellung up. Dat weer nich blots för so 'n grote Dörp as Süderbrarup en Herrlichkeit; de hemm veele lütte Städte nich schöner hatt. Dor weer allns an Speelkraam, wat man sik blots denken kunn. Wi sünd ümmer wedder hengahn un hemm uns dat ansehn. Wi wüsstern, dat wi dat meiste garnich kriegen kunnen. Dat hett uns uk nich verdraten. As ik noch lütter weer, weer för mi dat Schönste en Schaukelpeerd. Dat harr en richdige Fell mit schwatte Haar. Sattel un Trens weern ut echte Ledder un kunnen upleggt un afnahmen warrn. Dat stunn in 'e Utstellung gans vöran in en Eck. Un jeder Johr weer it mien eerstes, wo ik na seecher. Un ehr ik wiedergung, müsster ik eers dat lütte Peerd kloppen (streicheln). Dat Schaukelpeerd koster 27 Mark un is to mien Trost in mien ganse Schooltiet nich verköfft wurrn. Dat weer dat düerste Stück in 'e ganse Utstellung. Denn keem en Dampmaschin to 18 Mark. De stook mi natürlich uk in 'e Ogen, as ik grötter weer; aver dat weer jo nix to kloppen.

Eenmal weern wi uk vun Homas Schwager Unkel Peter in Norderbrarup inladen to Wiehnachtspoppen malen. Wi dorm natürlich af un an en Popp verteern. As wi ferdig weern, wieser Tande Maria uns uk se's Marzipanutstellung. De Marzipan harrn se selm maakt un to alle mögliche Figuren un Biller verarbeidet. Am meisten bewunnerten wi de grote Torten. Se harrn se's beste Stuuv utrüümt un överall Dischen mit Marzipan henstellt. Wi kreegen uk en paar Stücken, ehr wi to Huus gungen.

Abends makern wi Taschen, Netten un Harten ut Buntpapier för de Dannenboom. Unse Knech Stephan Greggersen hulp uns dorbi. So keem bilütten de Tiet heran, dat wi unse Huusschoh in 't Finster stellen dorm, dat de Wiehnachtsmann uns dor en Kook oder en paar Bonbon inleggen kunn. Vör Wiehnachten geev dat noch en grote Fest: de Wiehnachtsbazar. Dor dorm wi Kinner alle Mann hen. Dor geev dat Theater, Sängerins, Sauberkünstlers, Akrobaten un Clowns to sehn. De Kooplüde, de dat anstellt harrn, harrn allerhand Woorn utstellt. To de Abendvörstellung gungen Vadder un Mudder uk hen. Anners as de Naam harr dat mit Wiehnachten nix to kriegen. Aver dat müsster jo eers allns aflopen sien, ehr dat Wiehnachten warrn kunn.

En gans wichtige Saak weer jo de Wiehnachtsback. As jedesmal backer Mudder jo Groffbroot un Fienbroot un Gestkook (ein Hefeweißbrot, das am Backtag abends gegessen wurde). Se maker uk en grote Korinthenbroot, un denn jo en Barg lütte Koken: witte un brune Plätten, brune un witte Schmoltplätten, Mandelkränse, Süsterkook [dä. Søster = Schwester, Topfkuchen]. De Abend vör de Backdag geev dat uk Arbeit för uns Kinner. Mudder müsster uk noch en ganse Barg Kliekleppers backen. De wurrn backt ut Rochenmehl. Ut de Deek wurr eers mit de

Hännen en fingerdicke Rull utrullt up 'e Disch, un denn alle Sentimeter dörschneden (diese kleinen Würfel dann in Roggenmehl gewälzt). Dat weer för Mudder en grote Hülp, denn dat weer en traage (langweilige) Arbeit. För uns Kinner weer dat 'n Spaaß.

Endlich keem de 23. Dezember. Wi grote Kinner kunnen de Abend garnich aftöven, denn wi dorm helpen bi it Dannenboomschmücken. De Lütten legen in 't Bett un dröömten gewiss vun 'e Wiehnachtsmann. Un Vadder, Mudder, Homa un wi Groten seeten üm de grote Disch herüm. De Disch weer vullpackt mit Tuten un Pappschachteln. Mudder packer eers de Dannboomschmuck ut, de se köfft harr, denn dor gung jo ümmer mal wat intwei. Wi freuen uns, dat de Dannenboom dit Johr noch feiner ward as vörig Johr. Denn fangt se an, de Spitz up de Boom to steken un de Kugeln intohangen, de wi ehr in 'e Hand geben. Wecken sitten an 'e Disch, een maakt Haken an 'e Kugeln, een an de Schokolaakränse, een an 'e Wiehnachtskeks un een an 'e Wiehnachtspoppen. All hemm se dat hild. Af un an maken wi all Pause, denn dörm wi en lütte Deel eten. Toletzt schmitt Mudder noch dat Engelshaar över de Boom. Un denn is 'n ferdig. Denn ward de Boom vun uns all taxeert. De Boom is passend; de Spitz röhrt meist an 't Böön. De Boom is nich to breed un nich to schmall. De Twiegen sitten fein gliekmäßig. De Twiegen sind schön stief, dat de Lichter gud sitten. De Schmuck sücht fein ut. Mudder schlütt de beste Stuuv af un stickt de Schlötel in 'e Schörtentasch. Dor dörf nu keen mehr rin, anners as se alleen. De anner Morgen finnen wi Kinner all wat in 'e Schoh in 't Finster. Nu weeten de Lütten gans bestimmt, dat de Wiehnachtsmann dor wesen is, un dat nu in 'e beste Stuuv de Dannenboom steiht.

Vun dat Middageten ward nich veel maakt, denn dat gifft jo abends warme Eten. Namiddags bi de Kaffee seggt Vadder to de Knech so dat se 't all hören: „Willam, nu vergitt nich un bringen Heu un Water ut ünner de Finstern vun de beste Stuuv to de Wiehnachtsmann sien Esel!“ Dat Peerd kriggt en Haverneek (Garbe; dä.), de Hunnen, de Köh un de Schwien kriegen wat extra, ebenso uk de Höhner un Enten. De Knech kreeg sien Wiehnachtsgeschenk un gung denn to sien Mudder. Wenn Abendsüssel maakt weer, versammlern wi uns all in 'e Köök. Mudder gung alleen na de beste Stuuv un schnacker mit de Wiehnachtsmann. Wenn 't denn klingeln dee, weer 't so wiet. Vadder, Homa un wi Kinner dorm ingahn na de beste Stuuv. Dor brennern all de Lichter. Un de Lichter speegelten sik in all de Kugeln. Wenn een vun de Kinner en Gedicht lehrt harr, denn wurr dat nu upseggt oder vörsungen. Denn sungen wi tosamen all de ole Wiehnachtsleeder: „Stille Nacht…, Ihr Kinderlein kommet… Kling Glöckchen… O Tannenbaum…“ Denn leepen Vadder un Mudder de Tranen lang de Backen dal. Denn weer in Gedanken Käte bi se un harr se an 'e Hand. Wi seechern in dat Licht, aver wi schweegen still. Aver bald schloog de Wiehnachtsfreud wedder dör. De Lichter wurrn utpustet, un denn gung it an 'e Disch.

Dat geev Hasenbraden, as ümmer to Wiehnachtsabend. Un denn geev dat Rotkohl un Gurken un Kürbis un Beern. Dat weer en ganse Festeten, meist as wenn dor Fremmen weern. Wi langten uk all düchdig to. Dat de eene oder anner dit oder dat nich müch, geev it garnich. Gude Eten schmeckt gud.

Na 't Eten freuer sik jeder an sien Geschenke un speler mit dat Speeltüg, wat it harr geben. Wi eeten uk mal en Stück Marzipan oder Schokolaad. Dor gungen wi aver sünig mit üm, denn dat müsster utholn, bet it bi it Dannenboomplünnern nochmal wedder en lütte Naschuss geev. Eersmal höllern wi uns leever an de Schötteln mit Nööt un Kliekleppers. Dorvun dorm wi ümmer mal nehmen. Mudder „schlachter“ uk mal 'n paar Appeln. Denn kreegen wi jeder een Viertel. Wenn se en Appelsin deeler, kreegen wi jeder so'n lütte Afschnitt. För dat veele Naschen weer man fröher nich. De anner Morgen kunnen wi vör Unruh nich schlapen; schließlich wietsche de eene na de anner na de beste Stuuv un haler wat to spelen.

To de Kaffee geev dat Mudders schöne Korinthenbroot. Wenn Vadder un Mudder dat harrn kriegen kunnt, geev dat Honnig dorto. Denn gungen unse Öllern to Kark, un wi Groten gungen mit. Wenn wi wedder to Huus keemen, müsster Mudder sik spoden, dat se de Langkohl upwarmt kreeg. Dat weer 'n merkwürdige Mo' un nehmen so 'n schwore Gericht to Wiehnachten, wo man sowieso de Buuk övervull packer. De tweede Wiehnachtsdag weer för Vadder noch 'n wichtige Dag. Dor müsster he abends na Heine Wendt to Stutenspelen. De Wiehnachtsstuten weern grote runne Stuten ut Hedeweckdeeg to en Reismark un mehr. Se spelern dat ole Kortenspill „Fief ut üm'n Stut". Ik weet nich, wodennig dat speelt ward [Vgl. Mensing 2, 81-82].

In 'e Daag bet Niejohr passeerer nich veel. Dor wurr blots so 'n beten herümpüsselt. Wenn dat Schrot knapp wurr, wurr viellich noch mal en beten döscht. Aver dat wurr denn jo uk gau Niejohr. Niejohrsabend harr Mudder dat wedder hild. Se müsster jo en grote Fatt vull Appelkoken backen. Se maker se fein lecker. Se füller de Appelkoken [woanders in Schleswig-Holstein Futtjes genannt] mit Plummenmoos oder mit Korinthen. Bides gung de Huusdör al weckemal. Dat weern Kinner un Knechten un Deerns, de sik utschammereert un en Maske vör 't Gesich harrn. Ut de Roy deen de Kinner dat nich; dat weern mehr de arme Kinner un Deenstboten. De meisten sungen dat Rummelpottleed. Se harrn aver garkeen Rummelpott mehr mit.

Fruken, maak de Döör up,
de Rummelputt will rin.
Dor kümmt en Schipp vun Holland,
dat hett so 'n moje Wind.
Schipper, wullt du wieken?
Bootsmann, wullt du strieken?
Laat mi nich to lang stahn,
ik schall vundag noch wieder gahn.
Sett en Segel up 'e Top,
un giff mi wat in 'e Rummelpott!

Hans Peter Lansmann,
hau de Katt de Schwans af.
Laat en lütte Stummel sitten,
dat 'n noch kann wiederwippen!

Halli, hallo,
en Appelkook up to.
Sünd se 'n beten kleen,
so gifft dat twee för een.
Sünd se 'n beten groot,
so hett dat uk keen Not.

Fröhliches Niejohr,
mien Niejohrs Gaav!

Fröher wurrn uk noch Puttschorten (Topfscherben) vör de Dör, möglichst aver in de Flur, schmeten. De Naverkinner gungen vun Huus to Huus, aver ohne Verkleedung un Maske, un wünschten fröhliches Niejohr. Se kreegen denn uk Appelkoken, Nööt, Kliekleppers, Appeln, Appelsinen, Wiehnachtskoken un mitünner uk noch 'n paar Gröschen.

Een Fest könen de Kinner nu noch up luern, dat is aver meist en trurige Fest. Veer Wuchen na Wiehnachten schall de Dannenboom plünnert warrn. Dag för Dag hett Vadder dat rutschuben kunnt, aver nu will Mudder nich länger töven. De Dääl is al vull vun Nadeln. Mudder nimmt de Kugeln af un verpackt se wedder in 'e Pappschachteln, dat se nich intwei gahn. Een vun uns plöckt de Appelsinen, een de Poppen un Keks un een de Schokolaad- un Marzipanstücken. As wi ferdig sünd, dörf sik jeder en Stück utsöken. De Boom ward rutschlept na de Holtkass. Dor blifft 'n aver nich lang liggen. De Junges schlepn 'n na de höchste Kuppel. Hier schmieten se 'n up 'e Holt- un Strohdutt, de to de Kaiser sien Geburtsdag (27. Januar) afbrennt warrn schall. Abends bi it Füer nehmen wi unse Boom un stellen de in 't Füer. En Löchel (Flamme) glööst up un knallt un prasselt un sackt denn tosamen. De Wiehnachtstiet is vörbi.

Unse to Huus

Mudder backt

Mudder weer en eerstklassige Bäckerin. Se kunn genau so gud Fienbroot backen as Groffbroot un genau so gud Koken as Broot. Up ehr Backwark kunn en Bäcker harr stolt up wesen. Wenn 't Groffbroot in 't Allwarrn weer, müsster wedder backt warrn. Dat weer so bummelig alle veertein Daag, dree Wuchen. In 'e Sommer, wenn 't Broot licht muggeler (schimmeln; dä.), backer se mal mehr un in 'e Winter mal weniger. Dor wurr blots mit frische Mehl backt. Dat Groffbroot weer ut reine Rochenmehl. Wenn dor schull backt warrn, gungen Vadder un ik up 'e Kornspieker, Vadder mit dat Schippmaat (1 Schipp = ⅛ Tonne = 25 Pfund Roggen oder Weizen; dä.), ik mit de Mehlpaas (-beutel; dä.), en Bütel ut witte Linnen. De wurr natürlich jedesmal wuschen. Ik höller de Paas un Vader meet dree Schipp Roch in. De droog he dal un laader 'n up mien Hunnenwaag; un denn fohrer ik dal na de Windmöhl. Wenn it gude Wind weer, kunn ik so lang töven; sünst müsster ik wedder kamen. Bides haler ik in en lüttere Paas tein Pund Weetenmehl. Ehr ik torüchführer, müsster ik en paar Gröschen Mattgeld (Mahllohn) betalen, süns nehm de Müller en paar Pund Korn af:, he matter (dä.) dat Korn. Wenn ik to Huus keem, sichter Mudder en Deel vun 't Mehl mit 'n Teems (feines Haarsieb) to fiene Rochenmehl. Nu mutt Mudder eersmal süern. Se gütt dat meiste vun dat groffe Mehl in it Backtrog. Dor gütt se en bestimmte Patschoon lunke (lauwarm; dä.) Water doröver. Denn verdeelt se de Suerdeeg över dat Ganse un knäädt it düchdig dör. Dorbi verarbeidet se uk dat Mehl, wat se eers torüchholn harr. As se ferdig is, deckt se noch en Fedderdääk doröver, dat it de Nacht gud gahn kann. De anner Morgen ward de Deeg nochmal düchdig knäädt. De

Fienbrootdeeg ward uk abends ut dat Weetenmehl un fiene Rochenmehl mit Melk un Gest (Hefe) anröhrt un in en grote holten Ammer för de Nacht henstellt to gäärn. Bi Winterdag lä Mudder de Fienbrootdeeg up 'n witte Dook vör de warme Kachelaaben to nagäärn. Denn nu müsster se noch de Gestkook anröhrn, de wi an 'e Backdag abends to Vesper eten deen. Wenn se denn uk noch en Plaat Koken backen wull, harr se 'n hille Vörmiddag hatt.

Bides müsster se uk noch de Backaaben in 't Oog beholn. De Dag vörher harr een vun uns Mannslüde en bestimmte Antall vun Backaabensholt vun dat Böhn över de Klüterkamer dalhalt un bi de Backaabensdör henleggt. Fröh de anner Morgen bötter Mudder dat Füer in 'e Backaaben an. Nu mutt se dorför sorgen, dat it gud brennt un överall Hitt henkümmt. Wenn denn de rode Teegelsteen vun 'e Aaben witt warrn, is de Backaaben warm noog. Bides is Mudder uk so wiet mit ehr Arbeit. Se haalt dat Füer mit de Raaker ut de Backaaben un gütt de Glut ut. Denn haalt se de Asch herut mit de Backaabensquast ut Rochenstroh un maakt de Borm vun de Aaben gans rein. Nu kann se de Broot mit de Schüwer in 'e Backaaben rinbringen. Wenn se en beten anbackt sünd, warrn se wedder ruthaalt un warrn gesselt. Dorto warrn se överstreken mit Melk, Water un en beten Mehl. Dorvun warrn de Broot fein blank utsehn. Denn kamen se wedder in 'e Backaaben. De Fienbroot kamen en beten später in 'e Aaben, un de Koken noch später. Mudder hett dat beste Broot backt, wat ik in mien ganse Leben eten heff.

In 'e April 1923 kreeg ik up eenmal en Brägenhutentzündung (Hirnhaut-). Ik kunn rechts nich mehr hören un wurr besinnungslos. Dat it gud afleep, heff ik wohrschienlich de junge Dr. Müller in Niebüll (ik weer domals Redakteur in Niebüll) to verdanken, de binnen en paar Minuten to mi keem un mi richdig behanneln dee. Ik wurr pleegt vun Tine, mit de ik siet de 18.3.23 verlobt weer. As ik wedder so eenigermaten liekvör weer, harr ik dat Hungergeföhl verlorn un wull nich eten. Dor hett de Dokter to Tine seggt, dat ik potschent (leidend; von „Patient") blieben dee, wenn ik nich anfangen dee to eten; wat mien Liefgericht weer. Dor hett se seggt: „Mutters Schwarzbrot und gekochter Speck." Do hett Doddi mi Mudder ehr Groffbroot un Speck bröcht. Un vun dor an heff ik eten un keem mi uk wedder. As ik wedder liekup weer, kunn ik blots gahn, wenn ik jeder Foot en Kommando geev. Dor sünd Tine un ik na de Roy fohrn, dat ik mi erhaalen kunn.

Aver nochmal torüch to de Back. De weer jo gud glückt, eben as ümmer. Un de Gestkook, wo wi uns de ganse Dag up freut harrn, schmecker gud, eben as ümmer.

Mudder ehr Koken: Brune Plätten, Schmoltplätten, Mandelkränse, Schreegschnitt, Schrenkeln [in Fett gebackene spiraligförmige Kuchen], Schichttort, Süsterkook, Marmorpuffer, Rohmplätten (blots wenn 'n Koh jungt harr – een Pund Botter up een Pund Mehl – Beeschmelk vun 'e Meierie för sik levert un bottert uk för sik torüch – blots för 't Backen to bruken). [Beeschmelk, Kolostrummilch, auch Biestmilch genannt, die erste Milch einer Kuh nach dem Kalben, die die Meiereien nicht annahmen zur Weiterverarbeitung].

Schlachten

Wenn it Ende November/Anfang Dezember nich so 'n schleue (gelinde, weich; dä.) Tiet is, ward dat hoge Tiet för 't Schlachten. Dat schall geern en bet freern, dat dat schlachtete Schwien gud utköhlen kann; denn hölt sik dat länger. In Verloop vun 'e Winter wurr bi uns dree- bet veermal schlachtet: een Schaap un twee- bet dreemal en Schwien. Dat Schaap kreegen wi in 't Fröhjohr vun Unkel Schulz as Lamm. He haler in 't Fröhjohr en Flock Lämmer ut de Masch un dreev se mit sien

Hund „Bursche" so wiet lang de Straat, bet he se verköfft harr. Wenn denn in 'e Harvst Fett un Fleesch knapp un Messers un Gaveln rustig wurrn, kunn man dat Schaap schlachten un endlich mal Wittkohl mit Lammfleesch eten. Wi Kinner dorm nich dorbi sien, wenn schlachtet wurr, överhaupt nich, wenn Schaap un Kälver schlachtet wurrn. De wurrn, bet et verbaden weer, ohne Betäubung afsteken. Ut de Schlagsieden maker Mudder Rullwuss, de wurr up it Broot eten [Schlagseite, nach Mensing "Bauchlappen des geschlachteten Tieres… Die S. wird scharf gepfeffert und gesalzen, aufgerollt, umwickelt und als Wurst gegessen."].

En beten später wurr en Schwien schlachtet. Dat geev wat in 'e Köök. Dat weer ümmer en grote Schwien, so an 'e Kant 'n 400 Pund. Wenn wi so 'n Schwien schlachten deen, müsstern wi en grote Bröhküüm (Brühbottich) lehnen. Unse Schlachter weer, as ik eben seggt heff, Unkel Schulz, de allens kunn. Mudder müsster gliek dat Morgens de grote Waschgraap to Füers hemm un in 't Kaken holn. Denn keem Unkel Schulz uk al an, de Puscherunter (blauer leinener Arbeitskittel) över de Arm. As he seecher, dat allns bereit weer, kreeg he en Seelstreng (Zugtau am Sielengeschirr) her un gung denn dör de Luuk rin na de Schwienstall. Dat Schwien liggt alleen in 'e Stall; sien Genossen sünd al vörher verköfft wurrn. Unkel Schulz kloppt dat unruhige Tier un hölt it de Schneer vun 'e Streng vör de Schnuut, bet it dat in 't Muul nimmt, denn treckt he de Schneer to. Nu weet dat Stackels Tier (armes Wesen; dä.), wat dor up it tokümmt un schriet himmelhoch. Dor hemm wi Kinner in 'e Stuuv up luert. Nu weeten wi, dat dat Schwien up 'e letzte, letzte Reis is. Dat Schwien schriet ümmer noch. De dree Mannslüde kloppen it un wülln it beruhigen. Dat nützt aver nix. Langsam drängen se 't na dat Bröhküüm hen.

Dor stunn Mudder al mit dat grote Fatt (Schüssel; dä.); se schall jo dat Blood fangen, dat wi düchdig Schwattsuer un

Bloodwuss kriegen. Vadder is en beten blissig (blässlich), denn he hett en weeke Natur. Unkel Schulz mutt alles maken, he mutt dat Schwien schlaan un uk steken. Aver nu sünd de flaue Minuten vörbi, dat Schwien is doot. Wi lopen na de Köök un sehn ut it Finster. Dat Schwien liggt up 'e Siet, un Unkel Schulz schaukelt it en beten hen un her, dat it gud afblött, un Mudder sitt in 'e Huuk un röhrt flietig dat Blood, dat it nich dick ward. De dree Mannslüde lüchten (heben; dä.) dat Schwien in 'e Ballig. Unkel Schulz passt nu up, dat dat Water de richdige Wärmde hett. Vadder un 'e Knech schrapen de grote Flächen vun 't Schwien mit Schrapers (kegelförmige Blechtüten); Unkel Schulz putzt de Ecken na. Bald is dat Schwien witt. De Sehnen an de Achterbeen warrn löst un dat Schwien na 't Backhuus dragen. Dor hangt al en starke Knüppel, de utsücht as en Wagenschwingel. Doran ward dat Schwien uphungen. Un denn is Vespertiet.

De dree Mannslüde eten vun Mudders feine Groffbroot un ehr ebenso feine Mettwuss. Wi Kinner sitten un höörn, wat dor schnackt ward. Unkel Schulz kann so fein vertellen. Am leevsten vertellt he vun sien junge Johrn in sien Heimat Schwansen. Güntsiet seggen wi Angeliter dorto. Dat klingt so 'n bet verächtlich, aver de Landschaft is ebenso schmuck as unse Heimat Angeln, un de Lüde sünd dor ebenso düchdig as wi. Wat he uns vundaag woll vertellt? Natürlich vun Eten un Schlachten? He verteller vun 'n Schnieder in Schwansen, dat Dörp heff ik vergeten. De Schnieder kreeg en nie Lehrjung. De Meister sä glieks to em: „Bi 't Eten muss du uppassen, dat du wat afkriggst.“ „Ja, dat schall ik woll,“ sä de Jung. De Fru bröchter dat Middageten herin, Langkohl mit 'n halve Schwienskopp. As se all seeten, sä de Fru: „Er hieb ihm das rechte Ohr ab, “un lä sik dat Ohr up 'e Teller. Dor sä de Meister: „Er gab ihm einen Backenstreich,“ un nehm sik de Schwiensback. Dor sä de Gesell gau: „Es ist vollbracht,“ un nehm de ganse Rest. Vun 'e Schwienskopp harr de Jung nix kregen. He müsster sik satteten an 'e Langkohl.

Unkel Schulz hett sien Sigarr upschmökt, nu geiht dat wedder an 'e Arbeit. De Knech schall Schwien missen. Vadder geiht mit Unkel Schulz na 't Backhuus. Unkel Schulz geiht an 't Utnehmen. He maakt mit sien grote Schlachtermesser een Schnitt vun de After bet na de Schnuut. Nu kann he in 'e Buuk rinlangen. Eers kümmt de Blaas herut. He lett 'n aflopen un gifft 'n Vadder. Fröher puster he na ole Wies de Blaas up un hung 'n hen to drögen. Nu maakt Mudder 'n rein un brukt 'n as Huut för 'n gans dicke Mettwuss. Je dicker en Mettwuss is, ümso saftiger is 'n. Dat ganse Lümpwark kümmt in 'e Waschballig. Dor schall dat Plöckfett afpuult un de Darms denn reinmaakt warrn. Denn nennen wi se Weiden, in de de Wuss stoppt ward. De Lever kümmt in en Ammer mit Water to utwatern, ebenso de Lung. Achter de harde Luftröhr sitt de weeke Spiesröhr. De sücht ut as en Stück Darm. Dor krieg ik faat up un loop in to Mudder. Se bindt dat eene Enn vun dat Ding to. Ik pust it up, denn sücht it ut as en Wuss. Wenn ik de en paarmal ümdreih un tosamendrück, giff dat en lütte Knall. Nu is disse Quackeblaas för vundaag mien Speeltüg. Wenn ik 'n vunabend in Water legg, kann ik 'n morgen uk noch bruken. Aver denn fangt 'n an to stinken, denn geev ik 'n Pluto.

Unkel Schulz hett bides de Kopp afschneden. Nu wascht he dat Schwien vun binnen rein ut, un nu is he ferdig. He blifft denn uk noch to Middag un schmökt uk noch 'n Sigarr. Denn hett he sien Arbeit daan.

Wenn it harde Luft is, kann Vadder dat Schwien abends al toschnieden. Wenn aver weeke Luft is, mutt he dormit töven bet morgen. Mudder steiht dorbi un seggt, wat se allns maken will. De beide Schinken un de eene Schuller söön insoltet un denn rökert warrn. Vun de anner Schuller söön en paar Stücken to Braden un 'e Rest to Mettwuss. Se wiest em genau, wodennig he schnieden sall. Un nu geiht it eers richdig los: mehr Fleesch to Mettwuss, to Bradwuss, to Lungenwuss, to Braden, to frische Supp, Fleesch to Langkohl, to Kottkohl, för Schwattsuer, för Presskopp, för Sült, Speck to Leverwuss, to Bloodwuss. Mudder is en seldene Fru; dor is nix vergeten un nix verkehrt. Morgen schall de Brägen noch to Unkel Thordsen, de mag he so geern, un ik mag 'n geern henbringen, denn krieg ik Koken.

De tweede Dag bi 't Schlachten is eers de richdig hille Dag. De Kökendisch ward upstellt in 't Backhuus. De Dischplatte, de fastmaakt is an 'e Wand, ward upklappt. Wi Kinner dörm blots af un an mal rinkieken; sobald wi aver een ünner de Fööt kamen, möten wi wedder rut. Vadder nimmt sik eersmal de Kopp. He putzt noch de letzte Börsten weg. Denn klöövt he de Kopp mirrndör, stickt de Ogen ut un schnitt de Trüün (Nasenscheibe; dä.) af. De överige Dag stunn he achter de Hackmaschin. He maker de Füllung för all de Wuss kleen: Mettwuss, Bradwuss, Leverwuss, Lungenwuss. Mudder hett al allens kleenschneden, dat he dat all so wegnehmen kann. Denn knädt se de Mettwuss- un Bradwussdeeg, dat dat Gewürz verdeelt ward. Disse beide Schlachen warrn uk stoppt mit de Hackmaschin un de Lungenwuss uk. De Lever- un Bloodwussdeeg is pliediger, de möten mit de Hand dör en Wusshorn füllt warrn. Morgen kriegen wi Blood- un Leverwuss up unse Schoolbroot; dor freun wi uns up. As se ferdig sind, setten se sik eersmal dal. Vunabend mutt Vadder noch de Mett- un Bradwuss, de Schinken un de Schuller un noch 'n Deel kleenere Stücken insolten in dat upmuerte Bassin. Mudder mutt morgen noch Suerfleesch un Schwattsuer inkaken.

Wat up 'e Disch keem

Wi Simonsens hemm all en gude Appetit un mögen geern gude un feine Eten. Mien Bestes vun Kind up an weer ümmer en fette Nackenbraad vun en utmastede Schwien. Wenn de Braad denn sittern dee, wenn man mit dat Mess keem, un weener, wenn man en Stück afschnee, dat weer dat Schlag.

Eten deen wi egentlich blots, wat de egen Bedriev bringen dee. Köfft wurrn öfters mal Fisch, ümmer Seefisch, nümmer Fisch ut Söötwater. Dat leeg aver wull blots an de Hannel. Söötwaterfisch wurrn nich anbaden. De Seefisch bröchter de Kappler Fischfru Jette Vogt vun it Kappler Fischerviertel „Kehrwieder". Dat mutt en gude Geschäft wesen sien. Eers keem se mit 'n Hunnenwaag, aver na en paar Johr keem se mit Peerd un Waag.

In 'e Sommer wurrn uk mal Eerbeern un in 'e Spätsommer Appeln un Beern köfft. Rindfleesch wurr uk en enkelte Mal vun 'e Schlachter haalt. Sünst levten wi vun unse egen Kraam. Wi schlachtern ümmer twee grote Schwien. Wenn dat so drapen dee, wurr geern en Söög nahmen, de eenmal Farkens harr un utwussen weer. Wenn de denn gud utmastet weer, geev dat en örnliche Stück Fleesch. Wenn de beide Schlachtschwien nich recht recken deen, wurrn uk mal dree Schwien schlachtet. In 'e Harvsttiet wurr meisttiets noch 'n Lamm schlachtet. Dat harrn wi denn in 'e Vörsommer vun Unkel Schulz köfft. En paar Kälver wurrn glieks upeten. Mitünner maker Mudder en Kalfskees. Dat weer Plöckfleesch, dat in 'e Blaas tosaampresst un rökert wurr. Dat höller 'n beten länger. Wi leeten de Kälwer en veer Wuchens Tiet Melk drinken, ehr se schlachtet wurrn. Fröher wurrn de Kälwer nüchtern schlachtet, ehr se wat to supen kregen harrn. Aver dor ekelten wi uns vör. Wi eeten en Barg Geflügel, dat müchten wi geern. In 'e Sommer leepen överall Kluckhöhner mit Küken un Prietens (Entenküken) herüm. Göös köfftern wi as Stoppelgöös, de in grote Flocken vun Pommern dör 't Land dreven un verköfft wurrn. To Wiehnachten geev dat 'n Haas. Keninken wurrn nümmer schlachtet, Duben blots in Notfall för Kranken. Peerefleesch hemm wi nümmer kennenlehrt.

Wi oder veelmehr Mudder harrn wull 'n dörtig Höhner, de in Schnitt dree Johr oold wurrn. Wi harrn jeder Johr rund tein Höhner, wo wi Höhnersupp vun kreegen. Mudder truck in 't Johr wull twindig Kükens up. De Hähnkükens bleeven leven. De Haahnkükens wurrn, wenn se vull in 'e Feddern weern, schlachtet un braadt. Dat weer gans wat Schönes.

De junge Enten warrn holen bet hen gegen de Winter. Denn warrn se braadt. Se warrn na un na schlachtet, as se eten warrn schöön. En paar bringt Mudder meisttiets to de Kooplüde un tuscht se in för Waren. Meistendeels is dat för uns Kinner. De annern warrn utstoppt mit reevene Fienbroot mit Botterklodden un Plummen. De Enten, de in Suer schöön, warrn in grote Steenkruken in se's Supp inmaakt un mit Tallig togaten. De Göös geiht dat ebenso. Mudder lehnt sik Vadder sien Sünndagstaschenmesser un stickt se mit dat lütte Messer achter de Kopp. De sünd gau doot, un dor kümmt keen Blood up 'e Feddern. De Göös un de Enten warrn ruppt. De Feddern warrn dröög ruttrocken. De schöön jo in 't Bettüg vun 'e Deerns se's Utstüer. De groffe Feddern warrn streevt vun 'e Fedderposen. Dat is 'n unbeleevde Beschäftigung för uns Kinner. Wi freun uns, dat de Höhner nich ruppt warrn; se warrn bröht un denn de Feddern wegschmeten. Vun de Göös ward uk noch de Fedderflucht, dat is de Hand- un Fingerdeel vun de Flucht, brukt to afstöven.

Dat Fleesch vun de Schwien, dat Lamm, de Kälver un dat Geflügel mutt nu dat ganse Johr vörholn. Dat is nich so licht un deelen för so 'n lange Tiet in. Dat is uk nich licht un beholen all dat Inmaakte ümmer in 't Oog, dat dor nix verdarvt.

Ik will nu de enkelte Gerichten uptelln, de in mien Kindheit up 'e Disch keemen. Dat geev vun 't Schlachten en paar Gerichten, de glieks eten wurrn.

De Nackenbraad, de wi all geern müchtern, wurr acht bet veertein Daag an 'e frische Luft hungen, dat 'n en beten afhangen kunn. Denn wurr 'n mal up en Sünndag eten. Dat weer mit dat Beste vun 't ganse Schlachten.

De Grüttwuss weer nich so 'n üppige Eten. De weer aver gans beleevt. Dor weer vun 't Schlachten uk nix anners an as de Darm, de nich miteten wurr, un en paar enkelte Speckwürfeln. Dat anner weer all Havergrütt. Dor geev dat Fett un Sirup to.

De Presskopp, de ut Koppfleesch maakt wurr, schmecker fein to Middag un up it Broot. Dor weer uk Gewürz in. Presskopp wurr to Middag mit Edig un Peper to stoovte Kartüffeln eten. Vadder kreeg statt Presskopp ümmer Sült. Dat weer en Stück Suerfleesch un wurr ebenso eten as Presskopp.

De Schwattsuer hörer uk mit to de eerste Mahltieden na't Schlachten. Disse Bloodsupp is mien Liefgericht, dat ik leider nich mehr krieg. Dor kamen all de Knaak in, hauptsächlich vun it Rüchgraat. Ut de Schworten, de Steert un de Fööt heff ik mi allerdings nich veel maakt. De Schwattsuer wurr vun twee Tellern eten, en deepe Teller för de Supp un en flache Teller för dat Fleesch un de Kartüffeln. Schwattsuer geev dat vun en Schwien wecke Mal. Wiel 'n suer weer, kunn 'n wohrn. Gröönkohl weer uk en gans beleevte Eten. In 't Harvst luerten de Lüde al up de eerste Frost; denn kunn it Gröönkohl geben. To de Langkohl geev dat solten Schwiensback un Puulkartüffeln. De Kortkohl weer 'n Supp mit in de Hackmaschin kleenmaakte Gröönkohl. De wurr mit twee Tellern eten. In 'e deepe Teller harr man de Supp, up 'e flache Teller solten Speck un Lungwuss. Wenn Mudder Kortkohl kaaken dee, bee Homa ehr: „Merie, maakst du mi en Stück

Wohnhaus Simonsen in Süderbrarup-Roy, Südansicht, vorne der Karkenstieg

Mulebroot?“ Denn schnee Mudder en dicke Stück Groffbroot af un weeke dat up mit dat Fett, dat in 'e Kohlgraap babenup schwimmen dee.

Schlachtersupp geev it so de eerste oder tweete Sünndag na 't Schlachten. Denn keemen de Dahtfelder, Mudder ehr Vadder (Hopa Dahtfeld) un Geschwister (Tande Dora, Tande Frieda un Unkel Thede) un ehr Unkel Heinerich vun Mehlby bi Kappel. De Frische Supp weer de Kroon vun alle Gerichten för alle Lüde. De wurr bi uns kaakt up Schwienfleesch. Mudder maker de Fleeschklümp aver ut Rindfleesch; denn wurr de Supp kräftiger, meener se. Wo Mudder de witte Klümp ut maker, weet ik nich; se schmeckern aver gud. In 'e Ries weern düchdig Rosinen in. De Muskaatblööt geev 'n en feine Geschmack. De richdige Geschmack kreeg de Supp aver dör dat Kruutbund ut Petersill, Sellerie un Borriebläder. De eet Mudder naher in 'e Köök up. Ehr Mudder de Supp rinbröchter, kreeg se noch 'n beten Safran in, dat 'n schön geel un blank wurr.

Specksupp geev it hauptsächlich in 'e Sommer. Wenn dat Brootbelag knapp wurr, denn geev it Specksupp. En ganse Fattvull rökerte Speck, döörwussen un fette Speck, ünner Ümstännen uk noch en Schinkenknaak, wurrn to Supp kaakt. Bi it Eten nehm jeder soveel Söt un Suer, Sirup un Edig, as he müch. Na de Supp geev dat, as uk bi de Frische Supp, noch Kartüffeln un Fleesch. Domals harr man de Minschen Speck un fette Fleesch nich veräkelt, domals weer dat noch gesund.

Schnüsch weer uk en Sommereten. Dat weer 'n Melksupp mit Gemüse, Arfen, Bohnen, Wuddeln un schellte dicke Bohnen un en paar Fettogen. Dorto geev it en Stück „rooge", dat heet rökerte, nich kaakte, Schink. De Schink wurr vun en holten Bricken (Holzbrett zum Fleischschneiden; dä.) eten. Homa, Vadder un Mudder eeten dorto noch en solten Hering.

Brennschnut weer 'n Kartüffelsupp mit Ries. Vun Fleesch weet ik nix to seggen. Dat weer Homa ehr Liefgericht. – Bottermelk un Klümp. Söte Bottermelk. Herrlich. – Arfen un Speck. Döörwussen, rökerde Speck. En Stück dröge Groffbroot. Vadder goot en Schuss Edig in 'e Supp, de denn dick wurr. – Wittkohl mit Kartüffeln; am besten mit Lammfleesch. – Pökelfleesch mit scharpe Peperschü. – Suerfleesch mit Soltkartüffeln un sure Schü. – Rippen un Braatwuss, ümmer tosam, Bradenschü. – Schwiensbraad, Sünndagseten mit Rotkohl, Gurken un Kürbis. Wat Besonneres weer de Möörbraad, ümmer an Allemann verdeelt. Filet. – Schink ward eers na Maidag anschneden. Rooge Schink, rökert, witte Schü mit nie Kartüffeln; dägliche Kost. Braadte Schink in 'e Schü. Braadte Schink kehrt in Ei un Twieback, mit Bohnen. Kaakte Schink selden to Middag, Belag för Fremmen. – Biff, Biffstück vun Hackfleesch geev dat selden. – Frikadellen, Liefgericht vun de ganse Familie. – Höhnersupp schmecker fein. – Kükenbraden, Entenbraden, Goosbraden utstoppt, Kalekutenbraden in 'e Ersten Weltkrieg (Pute). – Sure Ent, sure Goos. – Hasenbraden to Wiehnachtsabend. – Keen Peerefleesch, keen

Keninken, keen Spaanfarken, keen Wittkohlpudding, keen Rouladen, keen Gulasch, keen Ragout.

Kartüffeln. Magnum bonum: mehlig; Blaubunte: fast. Schraapte, schellte, puulte, stoofte Kartüffeln; Braatkartüffeln; Kartüffelgrütt [-mus?]. – Keen Kartüffelsalat, keen Kartüffelklümp.

Mehlspiesen. Pannkoken, dünn, över de ganse Pann, mit Sukker un inmaakte Solterbeeren, eenmal in 'e Sommer gröne Salat in sure Rohm un Sirup. – Riespannkoken, dick, dree in een Pannvull, Sukker un Solterbeern. – Bookweetenpannkoken, dick, dree in een Pannvull, mit Sirup. – Appelkoken, in 'e Oogpann, füllt mit Plummen un Rosinen, mit Sukker un Solterbeern, to Niejohrsabend [„Futtjes“]. – Griese Klümp, Bookweetenmehl, mit Speckfett un Sirup. – Budding, Mehlbüdel, Schü vun rode Jehannsbeerensaft. – Beeschmelksbudding, anröhrt mit Beeschmelk vun frisch afkalvte Köh [Kolostrummilch, Biestmilch]. Schü vun rode Jehannsbeerensaft. – Backaabenskater, anröhrt mit Gest, in en grote veerkantige Form, utleggt mit Schieven vun fette Speck. Schü vun rode Jehannsbeersaft. De Mehlspiesen warrn eten as Hauptgang. Eier geev dat selden; denn dat Eiergeld hörer Mudder.

Fisch. Mit de Fischfru vun Kappel, keen Sötwaterfisch. – Dösch mit Sempschü. Bütt, kehrt in Ei un Twieback, Fettschü. – Hering, wallwies köfft (een Wall = 80 Stück), braadt in Fett. Sure Hering, Rest vun de braadte Hering in Edig mit Schelotten, eten to't Broot. Solte Hering, blots to Schnüsch. – Aalkoin (Aalquappe), blots in't Fröhjohr. Giepen (Hornhecht), blots in Suer.

Kompott. Rode Beet, to däglich, in 'e Winter jeder Dag. – Gurken, sööt, suer, Sempgurken. – Kürbis, mit Ingwer. – Quitten, stark inkaakt. – Solterbeern, Plummen, Beern, Stickelbeern, Appelgelee, rode Jehannsbeergelee. Keen Marmelaad, keen Südfrüchte.

Belag. Sukker, Sirup, Honnig. – Mettwuss, Leverwuss, Bloodwuss, Rullwuss (vun Schaap un Kälver). – Rooge Schink, kaakde Schink, rooge un kaakde Speck, Speckfett (gans fett to Schmeern), Greeben (Grieben, Rückbleibsel vom Ausbraten der Flomen).

Brootstriekels. In 'e Winter Schmolt, in 'e Sommer Botter. In 't Schmolt en Gewürzbüdel mit Peper un Nelken un Thymian. Goosschmolt mit Nierentallig fast maakt. Vadder müch it besonners geern.

Saft. Rode Jehannsbeern, Solterbeern, Himbeern, Fleederbeern.

Drinken. Morgens un to Namiddagsvesper geev dat ümmer Kaffee. Vadder kreeg na de Middagstünn en Tass Kaffee un 'n Stück Sucker. De Kaffee wurr to däglich sicher mischt, gans fröher mit Zichorie, später mit Malzkaffee. Ob wi Sünndags det Morgens un Namiddags reine Kaffee kreegen hemm, weet ik nich. Sünndag abend geev dat Abendbroot un keen Grütt. To Drinken geev dat denn Tee. Gans selten nehm Vadder achteran noch 'n Teepunsch; sünst drunk he blots Alkohol, wenn dor Fremmen weern. Dat geev aver nümmer veel. Blots Vadder eet Vörmiddagsvesper. Dorto drunk he en Glas Melk, meisttieds blots en Tass warme Swutsch, so nennern wi de hitte un fettlose Melk (Magermilch), de vun de Meierie torüchkeem [zum Kälberfüttern!]. Wenn it warme Greeben up it Broot geev, eet Homa uk en halve Stück. Denn drunken de beiden en Tass Melk un Water, dat weer half afrohmde Melk, de warm maakt wurr mit 'n bet hitte Water. As Tine [Vaters Frau] dat kennenlehrt hett, sä se: „Das schmeckt, als wenn man die Zunge aus dem Fenster hängt," un se harr natürlich recht. Aver dat is gewiss en Erinnerung ut Homas Kindheit wesen, de se an Vadder in sien Kindheit wiedergeben hett. Se hett uns uk vertellt, as wi Kinner weern, dat se to Huus in 'e Winter wenig oder garkeen Melk hatt hemm, un se keem doch vun 'n grote Besitz. Un dor hemm se mit de Melk spaarn müsst. So hörten in ehr Kindheit Greeben un Melk mit Water tosamen, un wenn se dat nu eet, weer dat en Klang ut ehr Kinnertiet. So geiht mi dat jo uk. Wenn it gegen Abend gung un allns still weer, denn keem dat Lengen na unse schöne un glückliche Kindheit. Un wenn Tine denn en Teller Bokweetengrütt för mi harr, denn dee mi dat gud. Dat weer nich de Geschmack, de mi gud dee, dor hungen unse ganse Kinnerglück un de ganse Roy an.

Mitünner drunk Vadder uk 'n Glas Bottermelk. Mudder bruer af un an, besunners to de Oorntiet, Bruunbeer. In 'e eerste Tiet, as ik mit Pluto fohrer, heff ik uk mal en Anker Bruunbeer [etwa 36 Liter] haalt in Süderbrarup in'e Herbergstraat. Naher müsster ik na de lütte Bruerie in Norderbrarup. Dor stunn uk en Buddel Köm un en Buddel Rum up it Rieg in 'e Spieskamer. Dor wurr aver man selten Gebruk vun maakt. Sogar Homa harr 'n Buddel Köm in ehr Spieskamer stahn, un se neehm uk mitünner en Schluck, wenn it en bet geile (üppig) Eten geben harr. Eenmal harr se ut Versehn de Petroleumsbuddel bi de Kömbuddel henstellt un kreeg na Arfen un Speck en Schluck Petroleum. Dat weer noch fetter.

Wenn dor Fremmen keemen, geev dat höchstens dat Abends en paar Krock. To de grote Familienfesten Verlobung un Hochtiet geev dat satt Muck. Dat weer eenlich Krock ut 'n Literguss. Wien, Sekt un bayrisch Beer geev dat nich.

Sünnabendsüssel

Sünnabends geev dat veel to süsseln un to sansen (beides bedeutet im Dänischen „arbeiten"). Mudder müsster jo allns schrubben un reinmaken. De Dälen wurrn feudelt mit Feudel (Scheuerlappen) un Leuwaag (Scheuerbürste mit Stiel). De Köök wurr so dalspöölt, dat dat Water ut dat Göötlock (Abfluss aus der Küche in die Dachtraufe) lopen dee. Uk de Finstern wurrn wuschen mit de lange Finsterbörst. As lütte Kind maker mi dat ümmer Spaaß, wenn Mudder dat Water ut 'n Tass mit 'n Klatsch geegen de Finsterruten goot. De Knech müsster mittwochs un sünnabends de Schwien missen. Vadder gung männigmal bi un klotzen Holtschoh. He un Homa gungen na de ole Mo' up holten Holtschoh. Wi Kinner harrn to Huus leddern Holtschoh an. De dorm wi aver nich to School antrecken. Mudder gung to Huus up Klotzen [Holzpantoffeln]. De müsstern jo all klotzt warrn. De Holtschoh kreegen ünner de Ballen un ünner de Hack, de Klotzen blots ünner de Hack en Klotz ut Bökenholt. Dat Klotzholt wurr in 'e Saagerie as grote Platen Stirnholt ut 'n Bökenblock saagt. Dat harte Holt harr dat nu an sik, dat it licht splieten (spalten) dee. Un Vadder weer in 't Klütern nich grade so läufig (geschickt). So keem dat, dat he na dat Holtschohklotzen öfters mit 'n dulle Kopp ut de Klüterkamer keem.

De Hoffplatz maker en Barg Arbeit. Dat weer en grote Fläche, un de müsster gans sauber sien. Wenn en Stä noch 'n paar Spiern Gras wussen, müsstern wi eers mit de Stiegenstöter vörarbeiten. Dat Harken weer en beten lichter, wiel Vadder alle paar Johr nie Gruus (Kies) upfohrn dee. Abends sammler Vadder denn noch hier un dor en Spier Stroh up. Dat sull alles peen [dä.: pæn – sauber, fein, hübsch] utsehn.

Döschen

Döschen weer Winterarbeit. As wi Kinner noch lütt weern, wurr blots mit de Döschplegel döscht. Denn stunnen Vadder un de Knech in 'e Loh (Tenne; dä.) to döschen. In 'e Huusloh wurr Roch döscht; denn up it Huusböhn seet Roch. Up dat Schüünböhn un in 'e Schüünkuhl [kuhl-, hier Lager- u. Vorratsraum] seet dat Sommerkorn, Haver un Mengfutter (Haver un Gast).

Dat Döschen weer egenlich en gemütliche Arbeit. De Döschers kunnen sik warm arbeiten un harrn Schutz vör Regen un Schnee. Dat weer uk keen schwore Arbeit. Ik heff mi as gröttere Jung öft henstellt un heff de Plegel röhrt. De Mannslüde stunnen de ganse Dag un vertellern sik wat. Ik heff as Jung öft stahn un heff tohöört.

Wenn dor döscht warrn sull, wurr eersmal de Laag leggt. De Knech schmeet de Neeken (Garben; dä.) dal, un Vadder maker dat Band up un lä de Neeken hen. Se leegen in twee Reegen anenanner, mit de Topp na de Mitt un mit de Moors na de Wand. Wenn de Laag ferdig weer, weer de Lohdääl gans utleggt. Dor hett gewiss en Draag (60 Stück) Neeken leegen. Nu wurr een Neek na de anner bearbeitet. De öllste Döscher geev de Takt an, denn de Takt muss genau holen warrn. Beide Döschers schlogen up dat selvige Stä. Wenn up de Moors vun de Neek schlagen wurr, klung dat dump, je wieder se na de Topp keemen, üm so heller klungen de Plegeln. Wenn de Döschers de Laag rund weern, wurrn de Neeken kehrt un nu vun de anner Siet kloppt. Wenn se wedder rund weern, wurr dat Stroh mit 'n tweetins (zweizinkig; dä.) Gaffel upschüttelt un in grote Dütt (Haufen) upstapelt. Denn dreiht man ut dat Dutt en Band un bindt dat Bund fast tosamen. Wenn dat aver Rochenstroh weer, wurr ümmer en grote Armvull upnahmen un mit twee Bänner tosambunnen. Dat is 'n Klapp.

Wenn de Roch lange, stieve Stroh hatt harr, kunn man dorvun Schoof maken. Dat wurr denn statt Reth to Decken bruukt. Denn nehmen de Döschers en Handvull Stroh un trucken it dör 'n Reekamm (dä.). Dat weer en grote holten Kamm. De holten Tinnen weern ungefähr dörtig Zentimeter lang un acht Zentimeter utenanner. En Schoof weer 'n Bund mit ungefähr twindig Zentimeter Dörmeter. Rochenschoof höllt aver nich so lang as Reth.

Twischen 1900 un de Eerste Weltkrieg wurr de Kornbu düchdig verbetert. De Erdrag wurr ümmer grötter. Wi müsstern rund en Viertel vun de Kornernte in en grote Hiss (Diemen; dä.) tosamenfohrn. De wurr denn in 'e Winter afdeckt un infohrn.

All dat Korn kunn nich mehr mit de Plegel döscht warrn. Nu müsstern uk de lütte Buern en Döschmaschin hemm. Wi kreegen uk een; dat is wull so üm 1908 wesen. Vadder hett wull nich de ganse Summ hatt up eenmal. He köffter eersmal en Maschin, de mit de Hand dreiht wurr. Up jeder Siet vun 'e Maschin weer en Wrang; up de eene Siet dreiher Vadder, up de anner Siet de Knech. Mudder lä dat Korn in. Ik seh noch vör Ogen, dat se in 'e Huusloh döscht un sik anstrengt hemm. Wi Kinner kunnen noch nich recht helpen; ik weer do acht un Doddi negen Johr oold. Dat weer en böse Süssel mit de Maschin. De stunn in 'e Huusloh. De weer to schwor un transporteern na de Schüünloh. So müsstern de Mannslüde de Neeken vun 'e Schüün na de Huusloh bringen. Un dormit gung veel to veel Tiet verlorn. De Huusloh weer uk so kleen, dat dor man wenig Platz weer för de Neeken, dat Stroh un dat utdöschte Korn. So lohner sik dat Ganse nich. Dorüm köffter Vadder up 'n Aukschoon en Göpel. De Döschmaschin wurr in 'e Schüün upstellt un vun de Hoffplatz ut mit de Göpel, de vun dat Peerd trucken wurr, andreven. De Schlosser, de dat maker, kunn aver mit de Översettung nich torechkamen. So müsster en richdige Maschinbuer dorbi. Nu funktioneerer de Kraam. Doddi un ik wesselten uns af, eenmal weer ik up 'e Fack un schmeet Neeken dal; denn müsster Doddi dat Peerd drieven, un 'n annermal gung dat ümgekehrt. Mudder lä in, Vadder harker dat Korn ünner de Maschin rut, de Knech droog dat Stroh över na de Huusloh.

Dat Dalschmieten vun 't Fack weer för 'n Kind en schwore Arbeit. Bi it Infohrn wurrn de Neeken laagwies henpackt, un man kunn de Neeken blots loskriegen bi it Döschen, wenn man de Neek, de toletzt henpackt weer, toeers wegnehm. Wenn man de

Neeken nich na 'n Reeg wegnehm, arbeider man sik fast un kunn nich wieder. Man tuukser denn hier un tuukser (zerrte) dor un kunn nix loskriegen. Mudder prahler na Neeken, un bald stunn de ganse Kraam still. Ik stunn un weener un prahler na Hülp. Denn keem Vadder un holp mi. Un denn gung dat flott wieder.

Wi freuten uns all, wenn wi up 'e Grund vun 'e Kuhl keemen. Wi jeudern (jubelten; dä.), wenn de letzte Neek dör de Maschin gung; för dit Johr weer dat Döschen vörbi. In 'e Strohlaag up 'e Grund vun 'e Kuhl verstecken sik nu noch de Müüs. De weern al fix bi it Jungenkriegen. De beide Hunnen (Pluto harr noch 'n lütte Teckel as Kolleg) harrn dat bannig hild un kriegen se all faat. Wenn wi en Nest mit junge Müüs funnen, bröchtern wi de Mudder. Se speler denn mit de lütte Tieren in 't Schoot. Aver toletzt geev se se doch de Hunnen.

Fanny freuer sik gewiss uk, dat dat Döschen vörbi weer, denn de Maschin gung över alle Maten schwor, gans besunners bi 't Antrecken. Vadder harr al mal versöcht, ob he de Maschin antrecken kunn, aver dat gung nich. He weer uk man en maatlige (mittelmäßig) Mann. He wedder (wettete) mal mit de Daglöhner Heinrich Schiller. He weer en Preuß, de domals veel na 't Westen trucken, un en Mügel [sprich Müchel, kräftiger Kerl, dä.] vun Kirl. He sä, he kunn de Döschmaschin antrekken. Un richdig, dat glücker. Do kreeg ik hellisch (sehr; dä.) Manschetten vör de Preußen un dachder: „Gott help, wenn dor mehr vun de Lüde kamen, de rieten uns all üm." Un nu, wo se kamen sind, hemm se doch wecken vun uns stahn laten.

Aver een Deel weer klor, unse lütte Maschin kunn all dat Korn, wat jeder Johr mehr wurr, nich mehr schaffen. Dorüm hett Vadder na de eerste Krieg en gröttere Maschin un uk twee Peere kreegen. So könen se up 'e Dag wecke Draag mehr döschen.

Na dat Döschen keem dat Reinmaken; denn noch weer jo all dat Kaff un de Unkruutsaat dormank. Unse ole Stöövkist weer steenoold un maker de Arbeit nich gud noog un uk nich gau noog. Do müsster Vadder uk en nie Stöövkist kopen. Na vöörn keem dat reine Korn herut. Na achdern floog dat Kaff un de Stoff weg. In 'e Mitt sammler sik dat lichte Korn un Unkruutsaat in en Schuuv. Dat kreegen de Vageln.

Denn wurr dat Korn in Säcke füllt un upmeten. Dat Maat weer en halve Tonn. Dat is en ooldmodische Ruummaat. Fiefuntwindig Pund weern een Schipp Weet oder Roch. Een Tonn hett acht Schipp, dat is 200 Pund bi Roch oder Weet un 160 Pund bi Haver.

In 'e Hoff

As ik noch 'n lütte Jung weer, kreegen wi de Hoff (Garten) nie anleggt. Dat wurr jo modern mit 'n Rasen. Ik kann unse ole Hoff noch so eben erinnern. Dor gung en lange Stieg vör 't Huus lang. Vun disse Stieg gung en anner Stieg liek dal na 't Süden bet an 'e grote böken Tuun. Disse tweete Stieg harr up jeder Siet en Blomenbett. De eerste Stieg vör 't Huus lang harr blots up 'e eene Siet, de vun 't Huus afleeg, en Blomenbett. In 'e Blomenbetten wussen veele Blomen: Osterlilien, Pingslilien, Schneeglöckchen, Kaiserkroon, Tigerlilie, witte Lilie, rode Lilie, Lercheneier [Schachblume?], rode un witte Rosen, Georginen, en Deel Sommerblomen. Dor stunnen uk wecke Blomen, de man plantet harr för se's feine Geruch: Thymian, Lavendel, Melisse, Graue Sophie (Salbei), Everaan [Eberrauten, der Name entstellt vom Artnamen Artemisia abrotanum] un annere. Homa nenner de letzte fief Planten mit de Sammelnaam „Rükels". Se wüsster nich mehr, dat dat Gewürzplanten weern. Direkt an 'e Huuswand stunnen dree grote Rosenbüsche, de bet an 't Dack wussen, en geele, en rosa un en düüsterrode. De geele Roos bedecker dree Speegelwände (Mauer zwischen zwei

Fenstern). De is gewiss plantet, as dat Huus 1862 buut worn is. Denn is 'n nu över 100 Johr oold. Vun de düüsterrode Bläder maker Mudder dat wunnerbore Rosenlikör, de uns in 'e Oorntiet öft so gud dan hett. De rosa Roos hett de gröttste Blööt, de ik mal an 'n Roos sehn heff. Aver de Roos, de ik am leevsten lieden möch, weer de Moosroos, de mit in 't Blomenbett stunn. De Blööt vun 'e Moosroos, wenn 'n grade utspringen deit, is för mi de schönste Bloom, de it gifft. Ik heff överall, wo ik waahnt heff, versöcht, en antoplanten. Aver de kriggt överall glieks so veel Mehldau, dat ik keen dorvun holen heff.

De Landschaftsgärtner Adolf Henningsen, unse Naver, sull de Hoff nu nie anleggen. He wull ünner de Finstern lang en paar Reegen Sierbüsche (Zierbüsche) planten. Liek ünner de Finstern sulln grote Büsche stahn, dorvör, an 'e Stieg lang, lütteren. Vun de Ennen vun disse Stieg wull Adolf twee Stiegen trecken, de nerrn an 'e Tuun tosamenstöten sulln. Dat grote Dree-eck, dat up disse Wies herutkeem, schull de nie Blomengoorn warrn. An de beide schreege Sieden sullen in grote Blomenbetten all de Blomen wassen, de al siet Johr un Dag in 'e Hoff stahn harrn. Mirrn up de Rasen schull en Tulpenboom stahn. In en lange Bett up 'e Rasen wull he feine Buschrosen planten, in en runne Bett hochstämmige Rosen. In 'e Ecken weern denn noch twee runne Betten na för Sommerblomen. Ik mutt seggen, de Plan weer gud, un dat weer uk ümmer en schmucke Hoff, solang de holn warrn kunn. Aver dat wurr en düre Hoff, un wenn Vadder nich sien Freud an de Hoff hatt harr, weer dor uk nix nakamen.

Aver wo kreegen wi all de dore Planten her? Adolf sä, de neechste Gärtner, wo wi dat all kriegen könen, is Schulz in Mehlby bi Kappel. Dat weer en seie (beschwerliche; dä.) Tour. Up 'e Fedderwaag kreegen wi dat jo gar nich all up; wi müsstern mit de Kastenwaag afstä (von der Stelle, fort; dä.); denn dat geev jo en Wagenföder. Man sull dat hüüt to Dags mal 'n Minsch anbeen (anbieten): mit 'n Kastenwaag na Kappel!

Dat gung los, un ik durf mit! Mudder geev uns noch en Nett vull wulln Strümpengarn mit to farven; denn de Schulz weer uk noch Farver. Bet Raahmkark (Rabenkirchen) kenner ik de Weg; denn dor wahner en Schwester vun Homa. Un dor weern wi al en paarmal wesen. Aver wat denn keem, weer 'n nie Welt för mi. Dat fung al mit de Kroog „Buddelhoch“ an.

Un denn keemen uk al bald en paar Hüser vun Fegtasch (Fegetasch, alte Zollstelle) un Peter Fegtasch sien Maschinhannel. Ik wüsster, dat wi bi em de nie Stöövkist (Staubmühle zum Kornreinigen) köfft harrn. Bald weern wi denn uk al in Kappel, un vun dor na Mehlby weer man 'n Kattensprung. Wi keemen bi Unkel Heinerich sien Huus vörbi un weern denn uk bi de Gärtner Schulz.

Dat Peerd keem bi de Gärtner up 'e Stall un kreeg wat to freten un to supen. Wi Mannslüde gungen in 'e Goorn. Un hier fung Adolf an, latinsch to schnacken. He kenner all de Plantennaams up Latinsch. De Gärtner kunn em verstahn, Vadder un ik natürlich nich. Wi seechern blots de Dutt, de wi mithemm schulln, ümmer grötter warrn. Endlich harrn wi allns, wat Adolf up sien lange Settel harr, un de Gärtner keem mit en eben so lange Reken. Wo groot de Summ weer, weet ik nich; för Geld heff ik domals wull noch keen Interesse hatt. Up jeden Fall harrn wi so 'n grote Föder, dat wi Mannslüde meist keen Platz harrn.

Adolf harr noch dagelang to doon, ehr he alles plantet harr. Un denn keem he noch johrelang det Harvst un grave de hochstämmige Rosen mit de Kopp in 'e Eere un decker de Tulpenboom to. In 't Fröhjohr keem he denn wedder un maker se frie. He beschnee denn uk de Obstböme glieks mit.

Bi uns nennen wi de Goorn Hoff, fröher uk Kohlhoff. Wi Kinner harrn hauptsächlich mit dat Reinholen vun de Stiegen to doon. Jeder Sünnabend, oder wenn do Fremmen keemen, müsstern wi de Stiegen harken. Wenn dor Unkrut to sehn weer, müsstern wi se vörher stöten, dat dat Unkrut löst wurr. Dat makern wi mit de Stiegenstöter. Dat weer en Oort Schüffel. De Stiegenstöter weer aver lichter un arbeiten mit. De harr en längere, aver schmallere Blatt. Dat Stöten un Harken weer in unse Hoff en lichte Arbeit; denn Vadder fohr alle paar Johr Gruus (Kies) up de Stiegen. Dat weer eenlich de ganse Arbeit, de wi in 'e Hoff to maken harrn. Missfohrn un Graven dee de Knech. Seien un Reinhooln vun de Blomenbetten maker Mudder. Kartüffeln hüpen, Rasenmeihen un Tuunklippen weer Vadder sien Arbeit; denn dat maker em keen anner gud noog.

För mi weer dat Schlimmste vun de ganse Hoffarbeit dat Plöcken vun de rode Johannsbeern un de Solterbeern (sorte, dä. = schwarz). Wenn ik hören dee: „Vunnamiddag (heute nachmittag) wülln wi Jehannsbeern plöckn,“ denn gung för mi de Sunn ünner. Wi harrn so veel Jehannsbeern, dat wi dorvun verköfftern. Dat Geld kreeg Mudder, ebenso dat Geld för de Eier un dat Geflügel; aver se geev dat ümmer för uns ut. Aver se harr uk Lust dorto hatt, wenn dat nich in ehr Puttmenee (Portemonnaie) gahn weer. Se harr Lust to jede Arbeit, de maakt warrn müsster. Wi kreegen jeder en Fatt (Schüssel), un denn gung 't los. Dat dure uk man 'n Ogenblick, so harr se ehr grote Fatt vull. In unse lütte Fatt weer noch nich de Borm bedeckt. Mudder goot ehr vulle Fatt af in de grote holten Ammer, wo se sünst Fienbroot in anröhrn dee. Dor gungen sacht föfftig Pund Jehannsbeern in. Unse Fatt wull un wull nich vull warrn; dat weer 'n traage (traag: langweilig) Stück Arbeit. Schließlich goten wi dat Fatt halv vull af. Dat dure nich lang, denn sä Mudder: „Ju dörm aver keen Bläder mit in de Ammer schmieten.“ Aver wi kreegen de grote Ammer liekers vull. Dat wurr Vespertiet, un Mudder müsster melken. To uns sä se: „Nu gaht man gau wedder rut un plöckt man noch 'n paar Fööt vull. Ik kumm denn bald un help ju.“ Denn gung dat wieder. Fierabend weer eers, wenn de lütte holten Ammer uk vull weer. Na en halvstunns Tiet keem Mudder uk un hulp uns wedder. Un denn dure dat uk man 'n Ogenblick, un de lütte Ammer weer uk vull. De weern för de Köster bestimmt. He kreeg all de Jehannsbeern un Solterbeern, de wi överharrn. För de Jehannsbeern geev it een Gröschen för 't Pund un för Solterbeern föftein Penning.

Bi en paar Daag weern uk de Solterbeern riep. De gungen noch langsamer un plöcken. De Jehannsbeern sitten an lange Strengeln (Trauben). De Solterbeern sitten blots ümmer to en paar tosamen. Dat Plöcken geiht dorför langsamer. Wi harrn aver uk veel Gudes vun 'e Hoff. Dat beste weern de gele Plummen. Wi harrn en gans besunners gude Schlag. So fein heff ik se keen Stä wedder drapen. Mudder wüsster, dat ik se so geern much. As ik in 'e Fremde weer, hett se mi jeder Johr wecke schickt. Se wurrn riep in 'e Oorntiet. Wenn denn de Middagstunn keem un Mudder upwaschen dee un Vadder schleep, seet ik noch geern en lütte Stoot (kleiner Augenblick) in 'e Plummenboom un eet mi satt. Un wenn unsen all weern, kunnen wi uns wecke halen up Dahtfeld, de harrn deselvigen. Frieda kunn se nich all hemm, un Hopa nascher nich. All wat anner Lüde geern muchen, uk an 'e Disch, leet he vörbigahn un sä blots: „Ik fraag nich na.“ He weer so dweerig (eigensinnig) as Thies sien Kater, de schull Rohm schlappen un wull nich. Aver wi kunnen üm mit Plummen. Dat neechstbeste in unse Hoff weer de „grote Boom“. Dat weer en gans ole Appelboom. De weer meist so hoch as de Rüchnung (First; dä.) vun 't Huus. De is nu al siet Johrn afstorven an Krebs. De harr gans grote Appeln. Wenn se riep weern, weern se fein geel un rot. Wenn wi en Fattvull inhalern, rüke dat ganse Huus dorna. Ik heff keen Stä so 'n feine Appel kregn as vun 'e „grote Boom“. Wi harrn överhaupt en Barg, wat in 'e ganse Welt nich so gud weer as bi uns to Huus. Dat weer uk so mit unse Beerboom, de Adolf Henningsen för uns utsöcht harr, as wi bi de Gärtner in Mehlby weern. Dor kunnen wi Kinner aver nich vun stehln; de Boom weer jo noch so lütt, dat jeder Beer, de fehlen dee, upfullen weer. Denn harrn wi in 'e Hoff noch twee Böme Catharinenswetschen. De weern ümmer so vull, dat wi ruhig mal een dorvun nehmen kunnen. De harrn gans grote Plummen, de maker Mudder in. Wi harrn in 'e Hoff uk noch twee Quittenböme, de harrn besunners grote Quitten, de Mudder inmaken dee. De keemen aver blots up 'e Disch, wenn wi Fremmen harrn.

De Deckers kamen

Wi Kinner seechern geern to, wenn dor Handwerkers weern. Dat geev denn ümmer veel to kieken un to hören. Am meisten seechern wi na de Deckers ut. Al wenn se Bescheed hemm sullen, weer wat los. De ole Hans Decker un sien Söhn wahnern in 't Lunderholt bi Eknis (Ekenis). Dat weer en ganse Tour; denn müss dor fohrn warrn. Dat Lunderholt weer en grote Holt un meist en bet grulig för mi; denn ik weer jo mit. De ole Decker weer en griese, krumme Mann. He sitterer mit beide Hännen. Dat harr ik noch nümmer sehn.

Aver eenes guden Dages sulln se kamen. Se wurrn afhaalt; denn se harrn allerhand Kraam mit. Jeder harr twee Dackstöhle, de inenanner schaben weern, un en Dackschüffel mit 'n Barg lütte Löcker un en lange isern Haak. Denn harrn se noch en paar lange Stangen un en Deel isern Nadeln. Dor geev dat en Barg to kieken.

Denn gung dat Spiktakel los. Eersmal wurr bet an 't Dack en Gerüst buut. Dat gung gud un gau. Vör de Muer wurrn de Röder vun de Kastenwagens henleggt. In dat Naff (Nabe) wurrn lange Stangen steken. Denn wurrn Dwasshölter ünner 't Dack up 'e Muer leggt un an 'e Stangen fastbunnen. Up disse Dwasshölter lä man Fleeken (Seitenbretter) vun de Wagens.

Denn geev dat eersmal Vörmiddagsvesper. To drinken geev dat Bottermelk. Dorto geev dat en lütte Köm. Wi Kinner weern nu jo nielig (neugierig), wodennig dat wull gahn wurr bi dat Drinken mit sitterige Hänne. Aver dat gung fein. Mit de Bottermelk weer dat jo uk man en bet „seitlich“ (kümmerlich); dor gung mitünner wat to Spill (nebenbei; dä.). Aver dat weer jo uk nich wieder schlimm; denn dor geev dat jo mehr vun, aver vun 'e Köm durf nix över Stüür gahn; denn dor geev it jo nich veel vun. Wi Kinner passern up. Toeers sittere de ole Hand mit de gude Köm jo 'n bet, aver je neeger dat Glas to de Mund keem, desto sicherer wurr de Hand. Denn geev dat en lütte Hüüt (Schups), un de weer binnen. Aver denn verfehrten wi uns: Hans Decker maker en Gesicht, as wenn he 'n Tuuts (Kröte) vertehrt harr. Wi dachtern al, nu keem dat wedder rut, aver dat weer blots Anerkennung, dat 'n en örntliche Riet harr (scharf war). En deepe Stöhnen un en kräftige Rempen [Zusammenziehen des Mundes; dä.] bestätiger dat.

Aver nu wurr dat Eerns, de Deckers klarrten up dat Gerüst. Se nehmen sik eersmal jeder twee Fack vör (1 Fach = ca. zwei Meter, Raum zwischen zwei Sparren). Eersmal stunnen se up it Gerüst. Vadder pleger to. He schlepe de Rethbünde heran un schmeet se to de Deckers up it Gerüst. De greepen de Neeken mit de lange Haak an 'e Dackschüffel un breedten dat Reth up de Muerkrans ut to en dicke Laag. Denn läen se dor en lange Stang dwass över, dat dat Reth liggen bleev. Denn gung dat Neihen los. De isern Dacksnadel weer üm un bi en halve Meter lang. An 'e eene Enn weer en Lock dörbohrt; an de anner Enn gung 'n spitz to. In dat Lock wurr dat Dackwier (dünner verzinkter Draht) fastmaakt. De Decker stook de Nadel ünner de Dacklatt dör na 't Böhn. Dor seet de Knech as Utsteker. He truck de Nadel un dat Wier gans dör un truck it fast an. Denn steek he de Nadel en Handbreet wieder över de Latt na buten. Denn truck de Decker de Nadel dör un truck it Wier fast an.

So wurr Laag över Laag leggt un fastneiht. De Reegen wurrn mit de Dackschüffel glatt kloppt. Dat dure nich lang, so kunnen de Deckers vun 't Gerüst nich mehr uplangen. Dor setter jeder vun se sien twee Dackstöhle in 't Dack. Dor gungen se nu mit hoch. Bilütten wurr dat binnen uk to hoch för de Utsteker. He müsster sik uk 'n Gerüst buun. Schließlich müsster he en Missfleek över de Hahnbalken leggen. Dat weer en gans schöne Höchde, un wenn man dalkeek up it Böhn, kunn man meist dat Gräsen kriegen. Am schlimmsten weer dat, wenn de Deckers över de Loh keemen. Över de Loh weer keen faste Böhn; dor weer de Joll (dä.). Dor leegen blots lose Schleeten (Stangen). Wenn man dor fallen dee, plumse man glieks dör bet up 'e Lohdääl. Gott sei Dank is it ümmer gud gahn.

Eenmal keemen de Deckers nich so gaatlich, se keemen up Brarup-Dingsdag. Mit de Dingsdag weer dat noch nich so schlimm wesen, wenn it nich de Dag na Brarup Maandag wesen weer. Dat weer de Hauptdag vun 't Markt. Dor keemen de ole Brarupers spät to Huus un meisttiets mit Haarbüdel. As Mudder det Morgens Vadder wecken dee: „Heine, kumm gau up, de Deckers sünd dor!“ weer dat Mallöör jo groot. Vadder höller sik bi de Kopp un sä: „De verdreihte Schiet, kunn de dore Döskopp vun Hans Decker sik nich harr en anner Dag utsöcht hemm?“ Aver dat hulp jo nix. De Deckers harrn veel to doon, un wenn se Afbott kreegen, kunn it lang duern, ehr se wedder Sinns weern (bereit waren). So müsster Vadder so Gott [wahrlich] Brarup Dingsdag un Brarup Mittwuch de Deckers toplegen. Dat ganse Markt weer em utschändt (verdorben).

Mitünner geev dat uk Spaaß bi it Decken. Na de eerste Krieg weer mien Broder Max al heranwussen un müsster fix helpen. En Knech harrn wi nich mehr. Dorüm müsster ik, wenn ik Ferien harr, uk mit anfaten, överhaupt, wenn it so wat Wichtiges geev as dat Decken. Ik seet baben up 'e Hahnbalk to utsteken, un Max weer buten un pleger to. He kunn it natürlich nich laten, mi to tirren (reizen; dä.). Em jücke wull dat Fell, un dat hulp nix, he müss mal en örntliche Dräf (Treffer) hemm. Ik klepäter (polterte) de Ledder un de Trepp dal in 'e Loh. He harr mi aver al ramenten hört un marke Müüs un maker, dat he wegkeem. Eenmal jager ik em üm de Hoff un de Hamm (Hauskoppel), kreeg em aver nich faat. De Deckers prahlern al na uns. So müsstern wi eersmal wedder an de Arbeit. Dat Spill dreeben wi noch wecke mal; Max harr de Dag wull sien malle Tour; aver he weer wull flinker as ik, un de Deckers wurrn to untierig (mürrisch).

As de Deckers na Johrn de Schüün deckern, keem Hans Schlott vörbi un keem up it Hoffplatz un keek to. De junge Decker weer mal Holtschohmaker wesen oder weer 't det Winters uk noch. Dat kreeg Hans Schlott klook. He weer en teemlig versapene Huusschlachter un en grote Brarsbütel (Schwätzer) un Klookschieter. So kunn he dat nich laten, de junge Decker up 'e Foot to perrn. So jöhler (rief) he gans hoch (laut): „Ja, en Holtschoh un en Holtschoh, dat is en gottverdammter Ünnerscheed." He harr dat selwige Glück as Max: de Decker seet baben an 'e Rüchnung (First; dä.), sünst harr Hans Schlott gewiss noch een an 'e Dööts kregen.

De Muerlüde

De ole Gebüden sünd Anfang vun de sösstige Johrn in 't vörige [19.] Johrhunnert buut wurrn. Se wurrn nu in mien Kinnertiet to eng. Dor sulln mehr Köh upstallt warrn. Dat Land sull stärker bearbeitet warrn, un dor müsstern twee Peere to. In 'e Peerestall kunn aver man een Peerd stahn. Vadder wull uk mehr Farkens trecken un mehr Schwien masten. De Höhner seeten in en Stall, de över de eene Schwienstall uphungen weer. De Wahnung weer uk to kleen. Homa, de up it Afnehm wahnen dee, harr eentlich en gans nette Wahnung mit Wahnstuuv, Kistenstuuv, Köök, Spieskamer un Flur. Unse eegen Wahnung weer aver veel to lütt. Dor weern blots dree Stuven un Kistenstuuv: en nette dägliche Stuuv, en grote beste Stuuv un en lütte Schlaapstuuv. Dor kunnen blots twee brede Betten stahn. Aver de weer vun Anfang an as Schlaapstuuv buut, un de leeg uk gaatlich (praktisch; dä.); denn achter de eene Wand weer de Kohstall. Man kunn nachts ümmer hörn, wenn wat mit de Köh weer. In 'e Eck vun 'e Schlaapstuuv weer 'n lütte Finster anbröcht. Dor stunn 'n Praas (selbstgemachtes Talglicht; dä.), dat eensige för de Kohstall. Man weer fröher vörsichtig mit dat Licht. Dat weer aver nich mehr to unse Tiet. In de lütte Schlaapstuuv stunnen twee tweeschleeprige Betten; in dat eene schleepen unse Öllern, in dat anner schleepen wi Kinner, Doddi, Thea un ik, dree bet söven Johr. Wi kunnen licht in dat grote Bett liggen. Utfallen kunn keen; denn twischen Bett un Bettstä wurr en Bettknech (Schutzgitter) insteken. In 'n paar Johr weer aver keen Raat mehr. Un 'n beste Stuuv, de blots en paarmal in 't Johr bruukt wurr, müsster man hemm. De beste Stuuv bruker jo aver nich so groot to sien. So truck de dree Veddel Meter hoge Gips-Germania mit ehr beste Stuvenmöveln üm in de lütte Schlaapstuuv, un de Betten wurrn upstellt in de grote beste Stuuv. Dor wurrn denn glieks dree Betten upstellt; denn intwischen weer unse Schwester Käte geborn. Nu leegen dor twee Mann in jeder Bett. Dat kunn na de ole Ansichten angahn.

De Betten weern domals al nich veel anners as nu. Dagöver weern se mit 'n witte häkelte Spreedeck todeckt. Jeder harr en Küssen, dat mit 'n Küssenbüür (-bezug) övertrucken weer. Man decker sik to mit de Bettdeck, de in 'e Schluup seet. Dat Ünnerbett recker över dat ganse Bett; dat Pöhl (Kopfkeil) leeg blots ünner de Kopp. Över beides wurr dat Laken breedt. Dat ganse Bett leeg up de Madratz. Stroh geev dat nich mehr in 'e Betten, wegen de Schwienerie, de dat in 'e Stuuv bröchter. Blots Homa meener, se kunn ohne Stroh in 't Bett nich schlapen. Mit de Madratz wurr nu allerhand versöcht. Eenmal neiher Mudder för jede Bett en allmächdige veerkandige Sack un füller de mit Hackels. Dat weer aver nich veel sauberer as Stroh. Denn wurr seggt, dat Bookweetensei (die Schalen vom Buchweizen, die der Grützmüller mit der Grütze zurücklieferte) am besten weer. Do wurr de Hackels an it Peerd verfuttert un de grote Säcke mit Bookweetensei füllt. Dat weer aver to hart. Denn leet Vadder vun de Discher Madratzen maken, wo dünne Breder up Sprungfeddern leegen. Dat gung gud, maker aver Larm. Aver wat bi wat, dorbi bleev dat, so lang se leeft hemm.

Vadder harr aver noch veel wat Grötteres vör. He wull an it Hoffplatz liek över vör dat Wahnhuus en gans nie Gebüd upstellen. Dor sull nerrn en Wagenschuur ünnerbröcht warrn, denn en Ruum to Backen un Waschen un en grote Backaaben un en Füerstä för de grote Waschpann, un denn noch en Höhnerstall un en Brutstall, wo de Kluckhöhner in Ruh sitten kunnen. Dor sulln veele Wünsche wohr warrn, eenmal för Mudder. Se kunn denn endlich mal reine Kant kriegen in 'e Köök. Dor weer noch ümmer en apene Herd mit en apene Schosteen. Up 'e Füerstä stunn en Dreefoot. Dor brutzle dat Eten in Grapen un Pannen. Ünner de Füerstä weer de Backaaben ünnerbröcht, de unbequem un för de grote Familie veel to lütt weer. Nu kunn Mudder uk en örntliche Heerd kriegen un it lichter kriegen mit de Kaakerie. Ehr Unkel Heinerich vun Mehlby schenker ehr en nie Spaarherd (Spar-), as man domals sä. De apene Schosteen kunn dichmuert un de apene Füerherd kunn mitsamts de Backaaben wegreten warrn. De Köök wurr en helle, saubere Ruum, wo wi bi Sommerdag uk eten kunnen. In dat nie Backhuus keemen uk en muerte Pökelbassin un en grote Schapp för Rökerwaaren. Vör alln Dingen kreeg se en örntliche Höhnerstall un en Brutstall. Nu kunn se 'n Barg Kükens un Prieten (Entenküken) trecken. Dat harr se sik al lang wünscht; denn se interesseerer sik för Geflügelzucht; denn dat Eiergeld hörer ehr. Se weer uk in de Süderbraruper Geflügelzuchtvereen. Dorför kreeg se bi de Hökers för frische Eier, de se afstempeln müsster, en höhere Pries. In 't Harvst verköffter se uk en ganse Deel Mastenten.

Uk för de landwirtschaftliche Bedriev schull de Niebu Gudes bringen. In 'e beide Wagenschuurn kunn de beste Waag un en Kastenwaag stahn. De beste Waag harr in en Wagenschuur in 'e Schüün stahn. Dor sull nu en Sögenstall inrichtet warrn. De Städte wurrn gau grötter, un de Industriearbeiters kunnen sik nu uk Fleesch leisten. Dorum müsstern mehr Schwien trucken un mastet warrn. Dat ganse Böhn vun dat nie Gebüd sull bruukt warrn as Kornspieker. Denn kunnen wi up Vörrat döschen. Dat weer fröher nich möglich, wiel dor keen Stä Platz weer för dat Korn. Na 't Hoffplatz harr de nie Spieker en Luk mit en Takel (Rolle). Denn bruker dat Korn nich lang de Trepp hochdragen warrn. Nu kunn man dat hochtrietsen. Leider funktscheneerer dat Ding nich rech.

Up 'e Spieker wull Mudder nu uk Platz för en Treckrull kriegen. Dat weer en grote Ungetüüm to Wäsche mangeln. Up en starke holten Stellaasch leeg en dicke Disch. Dor leepen dicke glatte Holtrullen up. Wenn man en grote Kasten, de vull vun Steen weer, över de Rullen hen- un hertruck, dreihten sik de Rullen, üm de man de Wäsche wickelt harr. Disse Rull nehm en Barg Platz un weer schwoor to regeern. Aver Mudder, de bet dorhen de Wäsche mit Mangelbrett un Mangelholt mangeln müsster, harr so 'n Treckrull as junge Deern bruukt, as se up 'n grote Buerstä in Stellung weer. Nu wurr up 'e Spieker jo Platz för so 'n grote Ding. De grote Buern schafften se af, wiel dat intwischen al niemodsche Mangeln ut Iesen geev, de veel praktischer weern. Up 'e neechste Aukschoon sull en Treckrull köfft warrn.

Up jeden Fall sull dat nie Gebüd en Barg Verbeterung bringen för dat ganse Gewees un 'e Huusstand. Dor fehler nu blots een Deel: Geld. Aver uk dorför geev it Raat. Dat weer eben ehr ik to School keem. Vadder un ik gungen to de grote Buer Bonsen. He un Jakob Buer weern de beide letzte Hufners in Süderbrarup. Intwischen sünd de beide Familien uk weg. Wat Vadder wull, wüsster ik nich; un wat se mitenanner beschnakken deen, verstunn ik nich. Ik wurr uk gliek to de Fruunslüde bröcht, de mi en Twieback un Kaffee geben deen. Eers veele Johrn später heff ik to weeten kregen, dat Bonsen Vadder dat Geld för de Bu geben harr. De ganse Bu koster 1700 Mark. Dat weer domals en Masse Geld.

Vun dat Buen heff ik nich veel behooln. Ik weet aver noch, dat en grote Eerebarg nableev, wo wi as Kinner düchdig in speelt un wröhlt (gewühlt) hemm. Dat anner, wat ik behooln heff, is dat Schroen (Priemen; dä.). De eene vun de Muerlüde weer unse Naver Hans Reimer. He weer en örntliche un saubere Mann, aver he schroer so stark, dat em de schwatte Sapps (Speichel) dalleep na't Kinn. Dorvun gungen ümmer twee schwatte Streken vun de Mundecken dal na't Kinn. Ik dreev mi jo ümmer bi de Muerlüde up it Gerüst herüm. As Hans Reimer sik nu mal wedder en Schroo achter de Kusen steek, weer dat gans natürlich, dat ik sä: „Giff mi uk mal en Schroo!" He schnee mi denn uk so 'n kleene Trill (Scheibe; dä.) af un dachter gewiss, dat ik dat Spütten kriegen dee. Dor harr he aver keen Glück mit. Dat schmecker jo grulig, aver ik beheel'n in'e Mund. Nu schull ik 'n so lang in 'e Mund beholen, bet ik schlech toweg wurr. He löver mi, wat ik vun düchdige Kirl weer. Aver uk dormit kreeg he mi nich faat. Wenn ik uk man en lütte Preudel (Kind; dä.) weer, so leet ik mi doch nich ünnerkriegen, aver bald weer ik doch gans listlig (allmählich; dä.) verschwunnen. Ik heff aver nümmer wedder en Schroo in'e Mund nahmen.

To glieker Tiet mit uns buer uk Homa ehr Schwager in Süderbrarup. He harr en schöne grote Besitz, een vun de Hufen vun fröher, un buer nu liek över vör (gerade gegenüber) en Villa. He weer nich gud leden bi de Muerlüde, denn he primmeseerer (faselte) ümmer bi se herüm un wull se andrieven. Schließlich schmeeten se na em mit Teegelsteen un jagten em vun 'e Buplatz. Dat schoot mi mächtig in 'e Knaken. Dor keem to, dat de Muerlüde en korte Tiet streikten, uk bi unse Bu. Dor warr ik jo uk nich veel Gudes över se hört hemm. Up jeden Fall weet ik, dat ik as Kind vun dor an ümmer Angst vör fremde Muerlüde hatt heff. Dat harr nix to doon mit Hans Reimer. Wi bleeben natürlich de beste Frünnen.

In unse Kindheit hemm wi överhaupt öft Muerlüde hatt, un meist ümmer Hans Reimer. De Buterwände weern Brandmuern ut füerfaste Steen muert. Aver de Binnerwände weern, as dat fröher maakt wurr, ut luftdrögte Lehmsteen upsett. De harr Hopa Simonsen för de Bu selm streken. Wenn nu binnenvör wat tapseert oder maalt wurr, wurrn de Binnerwände mit Tegelsteen upmuert. In de beide Lohen leeg en Lehmdääl; dorför wurrn Zementdälen leggt. Vör de Huusdör leeg en grote platte Süllsteen (Schwelle; dä.). De wurr wegreten, as ik tein Johr weer, un 'n Zementplatte leggt. Do hett Hans Reimer mi vertellt, dat sien Neffe, de en paar Wuchen bi uns ünnerrichtet harr, mi för ungewöhnlich klook höller. Dat harr 'k noch nümmer hört.

Up it Feld

Butenarbeit bi Winterdag

Wi Kinner harrn in 'e Winter veel Spaaß. De Knech harr dat nich ümmer so fein. He müsster in 'e Winter dat Busch in 'e Dröschkuppel afhauen. In mien Kinnertiet weer dat Land in söben Schläge indeelt. Dat weer so indeelt, as Hopa dat maakt harr, as he de grote Kuppeln, de he vun sien Schwiegervadder köffter, för'n lüttere Bedriev updeelen dee. För jeder Schlag richter he mit Wallen en Kuppel in. De eerste veer Johr wurr en Kuppel mit Korn toseit; in 't eerste Johr mit Haver, dat tweete Johr mit Roch, dat drütte Johr mit Mengfutter (Gerste und Hafer) un dat veerte Johr mit Kleverhaver. In it veerte Johr verbeterer de Klever de Futterwert vun 't Haverstroh. In 't föffte Johr wurr de Klever to Heu meiht. Na de Heuoorntiet wurr de Kuppel as Nagras vun 'e Köh afgräst. In 't sösste un söbente Johr grästen dor de Köh. In 'e späte Harvst oder in 'e Winter wurr de Kuppel umplöögt. Man nenner de Kuppel nu Drösch. Dat Paatwark (die Buschpflanzen) vun de Wallen üm disse Kuppel hett söben Johr wussen un ward nu in 'e Winter, wenn dat Loof fullen is, afhaut. Dat ward maakt, ehr de Drösch plöögt ward, wiel dat Buschfohrn över dat plöögte Land to schwor weer. In 't achte Johr ward in 't Dröschland Haver seiht; dat is dat eerste Johr vun de nie Ümloop. Dat Afhauen weer en kole Arbeit. Deswegen kreeg de Knech dicke wullen Fusthanschen mit. För dat se nich so gau dörschleeten, weer de Duum un de Handfläche mit 'n Stück deftige Tüg överneiht. De dickere Twiegen hauer he af mit en Biel. Vun all de fief, söss Bielen, de wi harrn, weer blots een en kopens Biel. De annern weern vun en Schmid in Handarbeit maakt. Dorüm weern se uk nich all lieker groot un lieker gud. Dat kopens Biel döchter allerdings uk nix. Up jeden Fall kreeg de Knech dat beste Biel mit, denn en grote Deel vun 't Paatwark weer Hartholt: Eeken, Häböken (Hainbuchen), Spillboom (Pfaffenhütchen), Schlehdorns, Eschen. An de Wisch lang wussen veel Ellern. Sünst weer dat dörgahns Hasselbüsche. De dünnere Twiegen kunn he gauer afkriegen mit 'n Hiebs. Bi de Hiebs, de uk vun 'e Schmid maakt weern, seet dat Messer in 'n rechte Winkel vun 'e Stööl. De Stööl wurr maakt ut en Spaatstööl un weer 'n 40 Zentimeter lang. De Doorns schmeet he up en Dutt för sik; de sullen brukt warrn för dat Tünen. Wenn de Knech dat Paatwark recht kort afhaut un de Wall fein reinmaakt harr, wurr sien akkerate Arbeit löövt vun alle Lüde, de dor vörbi keemen.

Dat kunn nich utblieben, dat he sik Hännen un Fööt entweistöten dee. Bi de Arbeit harr he holten Holtschoh an mit 'n Strohflecht in. De höllern de Fööt warm, geeven aver nich veel Schutz vör de Stubben un Doorns. Wenn denn de Frost in de tweie Stäen keem, make sik dat dull (entzündete sich) un verfüller sik (eiterte). Denn wurr dat to Hackebill (rissig, aufgesprungen). Denn schmeerer Mudder de Stäen mit unsolten Schmolt un verbunn se. Mudder weer överhaupt de Knechten se's Dokter. Ik kann mi dor nich up besinnen, dat 'n Knech 'n Dokter hatt hett. Höchstens geev dat mal wat „vun 't Düütsche", homöopathische Mitteln, de vun Gesundmakers verköfft wurrn. Ik weet uk nich, dat 'n Knech mal richdig krank wesen is.

Wenn dat Busch afhaut weer, wurr dat Tross (trockene Dornenzweige; dä.) ut de Wallen reten, de dormit tüünt wesen weern. Dormit wurr de Waschpann (Waschkessel) warm maakt. Dat Busch wurr mit en egenmaakte dreetins Buschgaffel up 'e ole Kastenwaag laadt, de hierför lange Buschrungen (Stützen für die Seitenbretter) kreeg. Dat Busch wurr up it Grasland bi it Huus tosamenfohrt. Bi it Upladen keem mitünner en Twieg in 't Rad, de denn vun Speek to Speek anreten wurr. Dat gung gau un weer wiet to hörn. Dorvun kümmt dat Wort: „Dat geiht as Stock in 't Rad“ [Mensing: Hastige, sich überstürzende Redeweise].

In 'e Nawinter

Wenn it gegen dat Fröhjohr gung un de Frost ut de Eere weer, gung dat Wallgraven los. Wenn en Kuppel dree Johr to Gras legen harr, seechern de Wallen öftmal trurig ut. De Eere weer dalruust. Wecke Stäen harrn de Köh in de Wallen wröhlt. Dat Wild un de Jägers harrn Rielöcker (Löcher im Knick) maakt, wo se över de Wallen klarrten. Bi Stäen müsster de Wall meist nie upsett warrn. Dat weer en Arbeit, de nich jeder maken kunn. De Knech kunn dat nich, un Vadder harr dat hild mit Plögen un Eggen. Dat weer 'n Arbeit för 'n Daglöhner. Mitünner wurr dat för Maat vergeben (im Akkord). As Maat för Wallgraven harr man domals noch de Rood (Rute). En Rood harr sösstein Foot (ungefähr fief Meter). An 'e Schüün över de Klüterkamer hung noch en halwe Rood-Stock mit 'n Stööl, dat man dat Upmeten mit lieke Rüch maken kunn. Ik heff aver vergeten, wat de Wallgraver för een Rood kreeg. Dat Wallgraven weer en Kunst. De Siet schull eben un glatt sien. Baben lang müsster de Wall in en lieke Lien lopen. De Truuns (die uralten Wurzeln; dä.) müsstern todeckt un de Löcker upfüllt sien. Blots de Stubben dörstern baben utkieken. Dat Wallgraven weer en Arbeit, de vun jedereen kritiseert wurr.

Bides sünd de Knech un de Fruunslüde bi to Holt hauen. Uk för de Kinner gifft dat wedder wat to doon. Doddi un ik kreegen jeder en lütte Biel, de eene en Schmeedbiel, de anner en kopens. Dat lütte Schmeedbiel weer so stump, dorup kunn man mit de blode Moors na Hamburg rieden. Dat kopens Biel weer nich veel schärper, aver man müsster sacht eers en Hen- un

Herbüx (blaue, leinene und weite Überziehhose) antrecken. Wi Kinner hauten uk blots de dünne Twiegen un Twiesseln. Aver wenn wi bet Düsterwarrn achter de Haublock stahn harrn, weern wi teemlig torecht mit de Kraam. Mudder lä Twiegen an 'e Siet to Arfenstrüker un Bohnenstangen. De Knech haue ut de dicke Twiegen Tuunpahlen (leichte Pfähle), Stängelspahlen (dickere Pf.) un Stangen herut. De Tuunpahlen wurrn bi it Tünen bruukt. De Stängelspahlen un Stangen schullen wi en Melkstä mit buen. Bi it Holthaun geev dat ümmer en Barg Lau (Spaß; dä.) un Praat (Erzählen). Am besten gung dat Schnötern, wenn dor noch en Daglöhnerfru to Hülp keem; denn geev dat nie Themen.

Aver ehr ik groot wurr, weer dat mit dat Holthauen vörbi. Uk dorbi fung de nie Tiet an mit 'n Maschin. De Maschin seech meist ut as 'n Hackelskist (Maschine zum Häckselschneiden). As disse Holthacker upkeem, wurr 'n eers mit de Hand dreiht. De schaffer en Barg Arbeit, dor wurrn aver uk fief bet söss Mann brukt. Meisttiets hulpen de Navers sik gegensiedig. De suerste Arbeit weer dat Dreihn. De Holthacker wurr eers vun 'n Schmid oder Schlosser in Egenbu buut un to de Arbeit utlehnt. So weer dat bi veelen vun de nie Maschins, de nu bruukt wurrn. Wecke Maschins köffter de Naverschup tosamen. Wecke Maschins köffter jeder, so wiet as sien Geld recken dee. Veele Maschins kunnen uk up Aukschoons oder bi de Maschinhändlers up oold köfft warrn, wiel de göttere Buern al bald göttere Maschins hemm wulln. So kunnen de lütte Buern ümmer mit de Tiet gahn.

Mit de Holthacker durer dat Holthaun nich mehr wecke Wuchen, an een Dag weer de ganse Holtkass uphaut. De anner Dag wurr dat Struukholt in en grote Hiss (Diemen; dä.) up 'e Holtplatz bi it Huus tosamenfohrt. Dor kunn dat bet to de Sommer drögen un wurr denn in 't Herd brennt. Ik gloov, wi hemm nümmer Füerung för de Herd köfft. Dat Tross (dä.), dat weern de vörjährige Doorns, wo wi de Wallen mit tüünt harrn, wurr in 'e Nawinter utreten un tosamenfohrt. Dat wurr uk to Füerung tweimaakt. Uk dat schietige, halfrotte un stekerige Tross oder Sprück wurr bruukt. Man gung domals jo sünig üm mit de Kraam. Dat brenner ünner de Waschpann up dat apene Füer vör de Backaaben.

Wenn dat neeger to it Fröhjohr keem, geev dat noch mehr schietige Arbeiten. Dat ringste weer dat Ardlfohrn (Jauche). As ik noch lütt weer, weer de Inrichtung för Ardlsammeln un Ardlfohrn man kümmerlich. Hauptsaak weer jo, dat keen Deut (dä.) vun dat fruchtbare Water verloorn gung. De Ardl ut de Kohstall un vun 'e Misspaal leep in dat apene Schüfflungslock (Kompostkuhle) achter de Gebüden. Dat angeldänische Wort dorför weer „Korag-Lock", wat man uk noch mitünner hört. Bi uns wurr dat aver nich seggt. Dor keemen all de Affälle rin: Kaff, wenn man dat anners nich bruken kunn, Unkruut un Katüffelkruut vun 'e Hoff, Bläder vun 'e Böme, Kökenaffälle. Wenn dor en Stä Eere affohrn wurr, keem dat in 't Schüfflungslock. Un denn leep dat Regenwater un de Ardl ut 'e Kohstall rin. Wenn dat Lock vull weer un man dorup gahn kunn, wurr dat in en Dutt an 'e Kant hensett. Wenn dat en bet afdröögt weer, wurr dat nochmal ümsett un denn utfohrn up beide Wischen. Dat Gras wuss dor gud na.

Schlimmer weer dat mit de Schwienardl. Dat Utfohrn weer en asige Stück Arbeit. Dat Ardlbassin weer man kleen, viellicht twee mal dree mal anderthalf Meter. Dat weer mit twee holten Klappen todeckt. Wenn man de Klappen upschloog, keem een dat al hoch. Överall seech man de Poppen vun de Schlammfleeg herümschwimmen un de Wänne hochkrupen. Wenn dat Ardlfohrn losgung, wurr dat Bassin eersmal mit en Pluser (lange Stange unten mit einem kleinen Querbrett) düchdig ümröhrt, dat dat Grums (Bodensatz; dä.) na baben keem. All dat make de Knech. Bides keem Vadder mit de Ardlwaag; dat weer de ole Kastenwaag. Up 'n starke Gestell leeg de Ardltunn up 'e Siet. Dat weer en grote Tunn ut eeken Holt, de maakt weer vun en Böttjer. De kunn en paar hunnert Liter upnehmen. Baben harrr'n en grote Spundlock. Dor seet 'n grote Kuup (Holztrichter) in. Nerrn an 'e Achterenn seet en grote Höning (Hahn), de de Ardlstrahl över'n breede Fläche verdeeln dee. Vadder un de Knech harrn dat öllste Tüg an, wat se finnen kunnen, un to nix anners bruukt wurr. Nu gung 't los. Vadder harr, as ümmer, de suerste un asigste Arbeit. He düpper (schöpfte; dä.) mit 'n Ammer an 'n Tau de Ardl ut it Bassin un langer dat ungefähr annerthalf Meter hoch to de Knech, de de Ardl in de Kuup goot. Bi disse Arbeit durer dat nich lang, bet se beide na de Ardlkuhl rüken deen un uk nich veel dröger weern.

Wenn 't Middag wurr, weern se beide bald ferdig mit de Schwienkraam. Se keemen denn teemlig schluckohrig an. An 't Huus leet Mudder se nich heran. Se müsstern sik in 't Waschhuus waschen un ümtrecken. Wenn se so wiet weern, dorm se sik vör de Huusdör upstellen, dat Mudder se de Hänne mit Edig övergeeten kunn. Denn hörern se eers wedder to de Familie.

Woher ik dat alles so genau weet? Ik heff in de Krieg, as de Knech Soldat weer, as grote Jung up 'e Ardlwaag stahn un heff de Ammer in de Kuup gaten un heff naher vör de Huusdür stahn un mi Edig över de Hännen geeten laten. Un ik kann nich mal seggen, dat ik mi veel dorut maakt heff. En Buernjung is jo wull tofreden, wenn 't düchdig Miss un Ardl gifft. Desto mehr Korn in de Sack gifft dat. Peter Schmidt Holländer, en Buernjung as ik, sä ümmer: „Mist ist die Seele des Landmanns.“ Uk bin ik wull domals nich so empfindlich un peen (sauber; dä.) wesen as nu na sösstig Johr.

Dat dure uk man wecke Johren, so wurr en grote Ardlbassin ut Beton upmuert. Nu müsster uk en nie un gröttere Ardltunn un en Ardlpump anschafft warrn. Dormit wurr uk disse schietige Arbeit sauberer un bequemer.

De Pluser stunn, wenn 'n nich bruukt wurr, in 'e Eck up 'e Ardlbassin. De Versuchung weer natürlich groot un maken de eene Klapp hoch un röhrn düchdig Schuum. Wenn in 'e Schüfflungslock Water stunn, kunn man dor uk mal örnlich plutschen (dä.). Dat düchter mi uk mal, un ik plutscher gans gehörig. De Schuum seech vun de Kohardl so fein brun ut, dat dat richdig Spaaß maker. Aver de Pluser weer för so 'n lütte Böökel (kleiner Knirps) veel to lang un schwor. Up eenmal truck 'n mi över de Kant in dat stinkige Ardlwater, un grade an dat schlimmste Stä. Aver ik keem heel rut. Un wenn ik nich so lütt wesen weer un dat Mallöör so groot, harr ik sacht en gruliche Jackvull kregen. Aver Gott sei Dank, ik leve, un denn weener ik düchdig, un so keem ik gud dorvun. Wat ut mien Sünndagstüg wurrn is, weet ik nich.

Dat geev in 'e Nawinter uk Arbeiten, wo wi Kinner gud bi helpen kunnen. In 'e Winter harrn de Mullwarben up 'e Graskuppeln un in 'e Wischen en Masse grote Dütt upschmeten. De Knech un Doddi un ik kreegen jeder en Fork in 'e Hand drückt un wurrn to Koppels (dä. Form) schickt to Mullwarben-Dütt utschlaan. Dat weer en lichte Arbeit an 'e frische Luft. Aver wi wurrn doch 'n paar Daag vun it Spelen afholen. Dorüm weenern wi nich, as uk hier en Ännerung keem. En praktische Minsch harr en Mullewarben-Schlöp (-Schleppe) erfunnen. De grote Wagenradringen wurrn mit dicke Wiern (Draht) to en Dree Eck tosamenbunnen. Dit Geschütz wurr en Peerd vörspannt. Nu kunn de Knech disse Arbeit alleen maken. In 'e Krieg müsster ik dat maken, so lang as ik noch to Huus weer.

In 't Fröhjohr, ehr dat Gras anfung to wassen, müsstern de Wallen dichmaakt warrn, dat de Köh nich utbreken kunnen; denn dat geev Ärger mit de Navers. De unangenehmste Arbeit weer dat Tünen (Zäune mit Dornen dichtmachen). All de Löcker in it Paatwark (Büsche) wurrn dichmaakt mit Schlehdorn. So 'n Löcker maken mitünner dat Wild un de Jägers. Wi nennen disse Stäen „Rielöcker“. Dat weer noch 'n Erinnerung an dat adlige Jagdrecht. Dit Jagdrecht is uk hüt to Daags noch nich gans ut de Welt. Jagdrecht hett blots de Landwirt, de wenigstens 100 ha Land hett. Wer nich soveel Land hett, mutt sien Land an 'n Jäger verpachten.

Mitünner sadeln (heruntertreten oder kratzen; dä.) uk de Köh Löcker in 'e Wallen. Vör so 'n Löcker wurrn Dorntwiegen dör de Büsche flechtet. Wenn dor 'n Brummer (nicht mehr geschlechtsfähige Kuh, die manche Eigenschaften eines Bullen annahm) mank de Köh weer, so stunn de öftmal un sadeler de Wall dal. Bi so 'n gröttere Löcker wurrn Tuunpahln inschlaan mit 'n Tuunschlaag (leichter Holzschlegel, hakenartig, so dass man auch von unten Pfähle einschlagen konnte). De Tüner müsster disse Arbeit kennen, sünst keem dor nich rech wat na. Dor hörer en öllere Daglöhner to. De Knech weer denn sien Topleger, de em de Dorntwiegen heranschlepen dee. Beide harrn se bi it Tünen dicke leddern Hanschen an, de bet mirrn up 'e Ünnerarms recken deen.

Wenn dat Tünen ferdig weer, gung dat mit Stängeln wieder. An de Wall lang wurrn dicke Wierpahln mit en schwore holten Schlaag inschlaan. Denn wurrn dor twee Wiern (Draht; dä.) stramm langtrucken. As dat Stachelwier upkeem, nehm man een glatte Wier un een Stachelwier. Denn fehler blots noch dat Melkstä. De sull jichtens (irgendmöglich) so liggen, dat de Köh vun wenigstens twee Kuppeln dorhenjaagt warrn kunnen. So 'n Melkstä stunk natürlich över alle Maten vun all de Miss un fule Melk, wenn 'n de ganse Sommer bruukt wurr. Ik heff disse Gestank all mien Daag nich vergeten. Un dat keem so: As ik noch kleen weer, keem Doddi eenes guden Dages un sä gans upgeregt: „De Knech (ik gloov, dat weer Bollmann) hett 'n Schlang in 't Melkstä, kumm mit un seh 'n.“ Un richdig, dor harr he 'n Schlang. Mit 'n Stock passer he up, dat 'n nich wegkrupen kunn. Ik wurr vör de Stackels Ringelnatter schrecklich bang un eklig. Mit de Indruck vun de Schlang verbunn ik de Gestank vun it Melkstä. Un wenn ik später de dore Gestank in 'e Näs kreeg, tom Bispill vun de Stinkmorchel, weer ik al bang vör 'n Schlang. Ik wurr denn all mien Daag eklig, aver uk merkwürdig antrucken vun dat Tier. Ik faat aver nümmer en Schlang an, un wenn de noch so harmlos is. Wenn ik in 'n Zoo bin, stah ik am längsten bi de Schlangen, un wenn ik mi vör Ekel schüddeln do. Un veele Johrn lang heff ik, wenn ik drömen dee, blots schreckliche Alpdröme vun Schlangen hatt.

In 'e Ploogtiet

De Ploogtiet weer en hille Tiet. De Navers beluerten enanner, wer toeers un wer toletzt ferdig weer. Se keeken uk dorna, ob de Föörn (Furchen) liek un glatt leegen. Dat is wull uk de Grund, dat Vadder de Knech nümmer an 'e Ploog leet; dat maker he selm. Denn keem he de ganse Dag blots to Middag ut de Ploogsteveln herut. Süns harr he jo na ole Mood ümmer holten Holtschoh an. Wenn de Oorntiet vörbi weer, gung dat Plögen gliek los. Eersmal wurr dat Land felligt, dat dat Unkrut ünnerkeem. Dorbi wurr school plöögt (flach; felligen = flach pflügen). De bövelste Schicht mit de Stubbeln un dat Unkruut wurr ümkippt. Bi 't Plögen müsster dat Peerd genau so gud uppassen as de Plöger. Dat Peerd müsster ümmer liekut in 'e letzte Föör gahn. Dat müsster sik dorna richten, wat de Ploogmann sä. „Hier“ bedüüdt mehr na links, „hott“ mehr na rechts. Wenn en Peerd dat eerste Mal in 'e Ploog geiht, mutt it dat eers lehrn un mutt so lang dreven oder trucken warrn, bet it dat weet.

En Ploog schmitt de Föör blots na een Siet, de meisten na rechs. Dorför kann man nich eenfach hen un herplögen. De Kuppel mutt in wecke Ackers indeelt warrn, de en bestimmte Breede hemm. Wenn man de eene Acker an 'e linke Siet dalplöögt, mutt man de anner Acker an 'e rechte Siet hochplögen. Wenn de sik drapen, so gifft dat twischen de Ackers en dubbelte Föör. De nennt man uk Föör. In disse Gööl (Rinne, lange Vertiefung) wasst nich rech wat, denn dor is jo de Muttereere afplöögt. Wenn de Plöger vun de eene Acker na de anner schiftet (wechselt; dä.), so schmitt he de Ploog up 'e Siet un lett 'n schlepen. Dordör ward de Eere vör de Ennen vun Ackers dörwröhlt un fastperrt. In disse Vöracker wasst dat nich so richdig. De Vöracker ward, wenn de Kuppel ferdig is, för sik plöögt. De Knech müsster bides de Wallen upkappen, sünst wuss dat Paatwark to wiet över in 'e Kuppel. As ik noch lütt weer, wurr dat maakt mit en richdige Sävel; Gott mag weeten, wo de herkamen is. Später harrn wi dorto en starke Haumesser an en lange Stööl.

Wenn dat Felligen ferdig weer, wurr dat Land afeggt mit en lichte isern Egg, bet it glatt un eben weer. Dat weer aver blots en kleene Deel vun de Ploogtiet. Nu müsster dat Land för de Wintersaat torechmaakt warrn. Eers wurr Miss upfohrt. Missladen weer en schwore Arbeit. Dor wurr en Daglöhner to annahmen. Vadder fohrer; denn kreeg dat Land so veel Miss as it hemm sull. Dor wurr fohrt mit twee Wagens. Statt de hoge Siedenbreder wurrn schmallere Breder, de Missfleeken, upleggt. Wenn de eene Waag laadt wurr, fohrer de anner ut na de Kuppel. Up 'e Kuppel reet Vadder mit de dreetins Misshaak in lange Reegen Dütt af. Uk disse Arbeit wurr akkerat maakt. De Dütt müsstern all lieker wiet un in en lieke Reeg liggen, un de Reegen lieker wiet utenanner. Un dat ganse Stück müsster so veel Miss kriegen, as dorför bestimmt weer; denn dor sullen noch mehr Kuppeln Miss hemm.

Gans so akkerat as Jakob Buer in Süderbrarup dat hemm wull, müsster dat grade nich sien. To em keemen Maandag morgen sien Lüde un fragen: „Buer, wat söön wi doon?“ „Miss streun," sä Jakob Buer. De Dingsdag keemen se wedder: „Buer, wat söön wi doon?" „Miss streun," weer de Antwort. „Ja, dormit sind wi gestern ferdig wurrn; wat söön wi vundaag doon?" säen de Lüde. „Ja, as ik seggt heff, Miss streun, so kleen as Walnööt möten de Missklodden sien." So gung dat de ganse Wuch, jeder Dag Miss streun, ümmer dat selvige Stä. Unse Knech müsster uk Miss streun, aver dat müsster nich gans so fien sien as bi Jakob Buer. Denn wurr de Miss ünnerplöögt.

In mien Kindheit fungen de Buern an un plögen deeper. Denn kreeg man mehr Korn, aver dat Plögen wurr schwörer. Wi lehnten in 'e Ploogtiet en Peerd oder spannten mit 'n Naver tosamen. Bi dat deepere Plögen stötter man öfter an Steen, kleenen un groten. De kleenen reet Vadder bi it Plögen herut un schmeet se up 'e Fellig (flach umgepflügtes Land). Wenn he denn ferdig weer, wurrn se wegfohrn. De grote Steen, de he un de Knech nich dregen kunnen, müsstern eers vun 'e Steenhauer entweihaut warrn. De gans groten müsster man eers friegraben, dat se sprengt warrn kunnen. Wi harrn domals öfters en Daglöhner, de heeter Johann Borschke. He weer uk en Preuß; he weer man en maatliche Kirl, aver stark un kunn allns. He kunn uk Steen haun un uk sprengen. Ik stunn natürlich de ganse Dag bi em un passer up, wodennig he dat maker.

De Oorntieden wurrn ümmer beter dör dat Schietseien, wo de Buern mit anfangen deen. Schiet in disse Bedüdung is Kunstdünger. Toeers geev dat Knakenmehl; bald keem uk de chemische Kunstdünger. Nu harrn de Buern veel to schnacken, wat vun un woveel Kunstdünger se seit harrn. Wer am wenigsten seit harr, pucher (prahlte; dä.) am meisten. To disse Schlag Lüde hörer uk unse Naver Jakob Marquardsen. Mal bi Regenwedder stunn he bi uns in 'e Schüünloh to schnacken. Wenn Unkel Marquardsen keem, geev dat ümmer 'n Barg Praat (Unterhaltung; dä.), dat weer uk dit Mal so. Jakob weer dorför bekannt, dat he sien Land nich veel günnen dee, nich an Arbeit, nich an

Miss un eers rech nich an Schiet. Desto mehr pucher he mit 'n Barg Fisimatenten (Gebärden): „Ik will di seggen, Heinerich, ik heff Schiet seit, nich mit dree Fingern, du, nä, mit de vulle Fuust, du." Dorbi greep he in en Dutt Kaff, üm de vulle Fust to wiesen, schmeet denn verekelt dat Kaff vun sik un prahler: „Kattschiet, Heinerich!" Doröver lachen wi Geschwister noch ümmer, so oold as wi sünd.

Aver denn gung endlich dat Rochseien los. Wenn dat nich anners gung, seier Vadder selm. Aver leever seech he dat, wenn Unkel Schulz dat dee, de kunn dat so fein. Wi hemm uk Hopa Dahtfeld to Rochseien hatt. Ik gloov allerdings, Vadder kunn dat ebenso gud. Wi hemm domals uk öft en Drillmaschin lehnt, eers bi Vadders Vetter, Unkel Karl in Süderbrarup, un denn uk bi de Maschinenschlosser gegen Betahlung. Aver dat Brootkorn wull Vadder mit de Hand seit, mit de Hand meiht un mit de Hand döscht hemm. In 'e letzte Johrn vör de Krieg seiten wi uk ümmer en beten Weet. Dat weern se in ole Tieden nich gewohnt wesen. Wenn dat Winterkorn in 'e Eere weer, wurr dat anner Land deep dörplöögt.

In 't Fröhjohr wurrn de Kuppeln för dat Sommerkorn nochmal eggt. Mit dat Seien töver man, bet dat Land afdröögt weer. Wenn dat Land „witt" weer, dat heet, en helle Kelöör (Farbe) harr, kunn dor seit warrn. Wi hemm fröh anfungen un lehnen en Seimaschin bi de Maschinschlosser, eers en Breedseier, de dat Korn babenup liggen leet, un denn en Drillmaschin, de dat Saatkorn in de Eere rinlä. Denn wurr dat Korn ineggt. Na dat Drillen bruker man nich mehr rundeggen. Dat weer ümmer en sure Arbeit wesen, för dat Peerd un uk för de Mann. Vadder klaager dit Abends, dat em de Fööt weh deen vun dat Gahn up dat möre Land. Dat Peerd kreeg en möre Bost un müsster en Filzküssen vör de wunde Bost kriegen. Bi dat Rundeggen kreeg dat Peerd an de buterste Siet en Rullstreng. Dor weern över en Streng glatte Holtrullen trucken. Süns schürer sik dat Peerd de Been intwei.

De Köh warrn utjaagt

Wenn de Bargen gröön warrn, kickt de Buer al af un an mal, wo wiet dat Gras is. Heu un Röven warrn langsam knapp. De Arbeiten butenvör drängen. De Köh stahn mitünner in 'e Stall un schraalen (brüllen; dä.); se rüken al dat Gras. Dat Jungveh, de Starken un Harvskälver (im letzten Herbst geboren) sünd al buten. Na Maidag kann it jeder Dag losgahn. Wenn 'n schöne, warme Tiet kümmt, warrn de Köh uk utjaagt. De Knech mutt nochmal to Koppels un sehn na, ob allns dich is, dat Heckstä, dat Tünen, de Wiern un dat Stängels heel is. De Jucken (Joche, um den Kühen das Ausbrechen zu erschweren) möten nasehn un torechleggt warrn.

Un nu geiht dat los, wat uns na sössdig, söbendig Johr noch Spaaß maakt: Vadder kümmt mit 'n Fattvull solten Herings herut. He gifft dat Fatt de Knech in 'e Hand un geiht mit em na de Kohstall. De Knech hölt de Näs in 'e Wind vör de Gestank vun 'e Fisch. Vadder geiht an de bövelste Koh heran, ritt 'n de Kopp in 'e Nack un sparrt 'n dat Muul wiet apen. De Knech nimmt, nich ohne Afschu, en Hering un stickt 'n denn de Koh in 'e Hals. De verfehrt sik, schütt in Dutt, verdreiht de Ogen un versöcht mit Gewalt un de grote Tung un warrn de Hering wedder los. De Knech schüfft de Fisch ümmer wieder dal. Schließlich mutt de Stackels Koh sik dorin finnen, dat it Fisch to Middag geev. Wi Kinner högen uns, dat de Koh sik nochmal schruddert (schüttelt). As all de söben Melkköh mit de Mahltiet ferdig sünd, fragen wi: „Papa, worüm maakst du dat?" Vadder seggt: „Dat se vör Dörst glieks to Kuhls gahn un supen, süns verleern se de Melk." Vadder kümmt al wedder mit so 'n stinkige Pott; dor is ole Fett in. Nu geiht he bi un schmeert dat de Köh up 'e Rüch. Ditmal sünd se dankborer; se strecken sik örnlich, nich för 't Fett, aver för 't Schüern. „Siso," seggt Vadder, „nu warrn se nich so natt, wenn it bald regen deit. Denn kriegen se sik nich so licht verköhlt." Nu könen se utjaagt warrn. Vadder maakt bi jeder Koh de Klaag (Halsjoch) los un bringt 'n denn na de Döör. De Köh sünd dat Gahn nich gewohnt. Se schurrn un stufeln (stolpern) up de glatte Missgang (Raum hinter den Ständen) un gahn vörsichtig ut de Dör na buten. Nu spelen se unklook, stöten sik mitenanner. Wi Kinner möten se, dat se nich weglopen, un jagen se rut na de Kuppel. Hier passen wi noch 'n Ogenblick up, dat se sik vör Övermot nich schlagen mit de Jucken.

In 'e Röven

As Doddi un ik so groot weern, dat wi wat helpen kunnen, wurrn wi mitünner inspannt. En wichdige un lichte Arbeit weer dat Rövenplanten. Dor wurrn Helpers bruukt. Fröh in't Fröhjohr wurrn in 'e Vöracker vun dat Rövenland Saatbetten anleggt un Steckröven un Runkelröven seit. Wenn na Maidag de Planten groot noog weern, wurr en fuchdige Witterung aftöövt, un denn gung't los. Wi haalten uns Verlööf (Urlaub; dä.) vun 'e School. Vadder truck al des Morgens en Masse Planten up. Vadder, Doddi, ik, de Knech, unse Naver Adolf Henningsen un öfters noch en Daglöhnerfru ut de Naverschup weern bereit. Jeder kreeg en Plantholt, de ut afbrakene Spaatstööln maakt weer un en Handvull Planten. Wenn it en dröge Tiet un keen Utsicht up Regen weer, wurrn de Planten schlämmt. Dorto röhrer man in en Ammer Water en Patschon Kohschiet an un dübber de Planten mit de Wutteln dorin. Denn wussen se gud an. Nu kreeg jeder sien Reeg anwiest. Nu müsstern wi uppassen, dat wi in 'e Reeg mitkeemen un nich torüchbleeven. Dat weer en Schann un en Teeken vun Fuulheit, wenn man torüchbleev. Un wi kreegen denn uk nix mit vun de Praat (Spaß; dä.) un de Schnack, de de Groten vörharrn. Dat gung uk ümmer harmlos to. De Sex weer domals noch nich erfunnen. Wenn man gans un gar nich mitkeem, sprung een vun de Groten gau över in unse Reeg un steek en paar Planten in, dat wi wedder in 'e Reeg weern. Af un an kontrolleerer Vadder, ob wi Kinner de Arbeit gud makern, vör allen Dingen, ob de Planten fast seeten. Wenn he an en Blatt truck, müsst dat Blatt afrieten un nich de ganse Plant rutkamen. Wenn de Plant nich fastseet, wuss'n nich an. Wi deen, wat wi kunnen. Dat durer aver nich lang, do dee uns de Rüch weh, denn dat Krummgahn weern wi jo nich gewohnt. Aver dor hulp uns jo nix, wi dörsten nich torüchblieben. En beten spietsch (spöttisch) fragern uns de Groten: „Hett en Mück uk en Rüch?“ Vadder peeker (zeigte) up de ole Adolf Henningsen. He weer uns wiet vörut. He nenner sik Gärtner un wieser nu richdig mal, wat he kunn. Aver wi seechern mal wedder, allns hett'n Enn. Wi wurrn ferdig, un wi Kinner högern uns as Botterlickers. Ik müsster denn noch bi de Gärtner in Süderbrarup Planten vun Wittkohl, Wirsingkohl, Blomenkohl un Gröönkohl halen un wegplanten, aver dat weer jo man en Klacks mit de Wichsbörst, so weern wi ferdig dormit. In 'e Verloop vun de Sommer müsstern wi uk helpen bi dat Reinholn un Hacken vun 'e Röven. As dor ümmer mehr Röven anbuut wurrn, müsstern wi mit Unkel Schulz un Unkel Thordsen tosamen en Hackploog kopen. Schlimmer weer dat mit de Peerewuddeln, de müsstern wüdet warrn. Dat weer en langsame un traage (langweilig) Stück Arbeit. Wi kreepen mit de Kneen up'n Sack dör de Reegen un reeten all dat Unkruut ut. Mitünner wurrn wi gans untierig, leepen mank de Reegen un schmeeten uns mit Eereklüten. Eenmal keem dat Wüden unse Broder Max doch topass. He harr vun de Schoolmeister en Schwortvull kregen. Dor seet he platt up sien Achterenn un köhler dat Stä, wo it am meisten brennen dee.

Letzt in 'e Oktober, Anfang November, truck de Knech de Röven up. He nehm twee Reegen up it mal vör. Dorbi reet he mit de rechte Hand in 'e rechte Reeg un mit de linke Hand in 'e linke Reeg en Röön ut, schloog se tosamen, dat de Eere affull un lä se denn in Reegen hen. Denn gung he lang de Reegen un steek mit'n Spaad dat Kruut af. Denn weer dat reeg to (einfach; dä.) un laden se up 'e Waag un fohrn se weg to Huus mit Schiet un all. In 'e ole Tiet, as dat eers anfung mit de Rövenbu, planter man veel weniger as naher. Domals maker man sik de Mööch un putzer se fein mit 'n grote Messer. Dat weer noch so in 'e eerste Johrn, wo ik mi up besinnen kann. In 'e Klüterkamer dreev sik so 'n Ding noch Johrn herüm. Dat Rövenmesser weer maakt ut en afbraken Lee. Soveel Exküsen (Umständlichkeiten; frz.) harr man später keen Tiet mehr to, as man de Melk ümmer mehr andrieven dee mit Röven. Wi läen nu en Schlag för sik ut blots för Röven.

De Röven wurrn to Huus haalt un in en lange Barg tosamfohrt. De wurr eers todeckt mit Stroh un denn tograavt mit Eere. De Röven dorm jo nich freern; denn wurrn se rott un weern nich mehr to bruken. För dat Futtern wurrn de Röven fröher in en Trog schmeten un mit en Rövenstöter tweistött. Naher kreegen de Köh soveel Röven, as se freten wullen. Denn geeven se düchdig Melk. Denn müsster en Maschin to Rövenschnieden anschafft warrn; später sogar mit 'n Motor. För de Fettgehalt kreegen se denn mehr Schrot un Ölkoken.

De Buern harrn geern uk de Rövenbläder verfuttert. De Meierie verbood dat, wiel Melk un Botter denn schlech schmekken deen. Dat kunn eers angahn, as dat Sileern upkeem.

In 'e Vörsommer

In 'e Vörsommer geev dat för uns Kinner en Barg to doon. Dat weern aver meist ümmer blots Arbeiten för uns, as wi al en beten grötter weern. Wenn de Köh buten weern, müsster de Stall gründlich reinmaakt warrn. Dat dee de Knech, aver wi Kinner weern jo ümmer dorbi. Eersmal wurr de Miss un de ganse Streu rutbröcht na de Misspaal, dat de Dääl to sehn weer. De Koh- un Peerestall weern brüggt (gepflastert; dä.) mit Sammelsteen; sünst kunn dat Veh utrutschen un sik wat doon. Nu müsster ut all de Fogen mit 'n Fork de Miss utkratzt warrn. Dat kunnen wi jo uk, un so hulpen wi de Knech, bet wi leed dorup wurrn. Wenn dat maakt weer, wurrn Spinnweben un Stoff dalfegt. Denn makern wi, dat wi rutkeemen, denn dat geev en Barg Schwienerie. Nu müsstern noch de Dubenkastens utmistet warrn. An 'e Wand ünner 't Böhn weer 'n ganse Deel Dubenkastens uphungen. Vadder weer en grote Tiernarr. Wo he en Stä besonners merkwürdige oder schmucke Duben, Höhner oder Enten seech, müsster he dor wecke vun hemm. Dor weern Indianers, Luxen, Römers, Gimpeln, Kroppers, Höhnersteerten usw. Vun 'e Dubenmiss müsstern wi Mudder en Deel bringen för ehr Blomen. Wenn nu allns püksauber weer, gung dat Kalken los. Ik haler en Ammer löschte Kalk bi de Bumeister. Dorvun keem wat in 'n Ammer Water. Denn weer 't ferdig to Anstrieken. Wenn de Wand vun baben bet nerrn witt weer, wurr 'n bet to een Meter Höchde grau övermaalt. Disse Suckel wurr maakt mit 'n Mischung ut Kalk un Kienrook (Kienruß aus Schweden). Dat weer en schwatte Pulver, dat man bi de Höker kopen kunn.

So wurr nu alles reinmaakt un kalkt: Peerestall, Kohstall, Schwienstall, Höhnerstall, beide Lohen, Wagenschuur, Waschkööк. De Brutstall weer in disse Tiet ümmer vull vun Kluukhöhner.

Wenn dat mal en rech dröge Tiet weer, wurr de Holthiss in 'e Holtstall fohrn. Dat dicke Holt, dat nich för Stangen un Pahlen bruukt wurr, wurr upsaagt in Stücken to 25 Zentimeter as Aabenholt. Dat Backholt wurr Fadenholt nennt. Dat Hannelsmaat heeter Faden (een Faden = 1,75 Meter; von faten, d.h. „soviel die Arme fassen können"). Dat wurr in 'e Winter up Holtaukschons in 'e Hölter (Wälder) köfft. Mitünner weer dat in Backaabenstücken saagt un uk kloövt. Denn wurr it eenfach to Huus fohrt un upsett to Drögen. Mitünner weer de Stamm uk blots in dubbelte Backaabenslengde (also etwa 1,10 Meter) dörsaagt un denn 'n paarmal klöövt. Dat müsste denn nochmal dörsaagt un en paarmal klöövt warrn. Dor heff ik in de eerste Krieg, as wi keen Knech un öftmals uk keen Daglöhner harrn, düchdig ranmüsst. Aver Vadder un ik gungen dat harte Bökenholt scharp an, wenn wi uk de Saag nich richdig fielen un schrenken (schränken, Schrägstellen der Sägezähne) kunnen. Dorüm beet sik de Saag mitünner fast, dat wi düchdig tuuksen (zerren) müsstern. Aver schließlich wurrn wi doch ferdig un kunnen dat Backholt över de Klüterkamer upsetten.

Mehr Spaaß maker dat Dietzelschnieden. Dor kunnen wi Kinner gud bi helpen. Viellicht is Thea uk al mal dorbi wesen. Vadder, de Knech un wi Kinner kreegen jeder en Dietzelmess un en Dietzelstock in 'e Hännen. Dat Dietzelmess weer ungefähr teihn Zentimeter lang un vör dwass an en lange Stock. De Dietzelstock weer ebenso lang un harr nerrn en Tweel (Gabel). Mit de Tweel höllern wi de Dietzel fast un schneen 'n mit dat Mess af. Na ole Vörschriften, de sacht noch nich [1975!] uphevt sünd, sullen de Dietzeln to en bestimmte Datum schneden sien. Aver dar kümmerer sik al domals männig Buer nich mehr üm. De Meihdöscher hett dat mit sik bröcht, dat de Dietzeln in 't Korn mitsamts dat anner Unkruut chemisch dootmaakt warrn.

Bi 't Dietzelschnieden wurr ümmer de Geschichte vun 'e blinne Buer wedder upwarmt, de in de Fremde en Buerstä kopen wull. He reed mit de Besitzer up dat Feld. As se door ankamen, stiggt de Blinne af vun 't Peerd un langt üm sik. „Wat langen Se na?“ fraagt de Besitzer. „Ik lang na en Dietzel, wo ik mien Peerd an fastbinnen kann,“ seggt de Blinne. „Och, Dietzeln hemm wi hier nich,“ pucher (prahlte) de Besitzer. „Denn kann ik de Buerstä nich bruken; denn wo keen Dietzeln wassen, wasst uk nix anneres,“ sä de Fremde un reed weg. De Geschichte sall kloormaken, dat de Dietzel dat schwore Land vörtreckt.

So sinnig keem denn letzt in 'e Juni de Heuoorntiet heran. Domals wurr dat Gras döörgahns veertein Daag, dree Wuchen später meiht as hüt to Daags. Domals sull dat Gras riep sien. Dat geev domals Buern, de leeten dat Gras so oold warrn, dat se dat Heusaat wedder in 't neechste Johr utseien kunnen. Vadder sä aver domals, dat weer gar keen Plaan (Sinn); denn dor bleev schließlich blots dat gröffste Gras na, un dat weer nich beter as Stroh. Hüt to Daags weet man, dat dat Heu am besten is, dat noch in Saft stunn, as it meiht wurr. Dat hett de höchste Nährwert. Vun it Grasmeihen kann ik nix vertellen. As dat noch mit de Lee meiht wurr, weern wi noch so kleen, dat man uns nich up 'e Kuppel laten dee. Dat Grasmeihen weer för so 'n lütte Tokiekers nich ungefährlich. Dat Korn wurr an dat Schwadd meiht (hier an das stehende Korn). De Spitz vun 'e Lee geiht in dat Korn herin. Bi dat Grasmeihen meiht man vun dat Schwadd weg (hier dat stahns Gras). De Spitz vun 'e Lee kümmt ut dat Gras herut un kann bi de lütte Tokiekers Mallöör maken. Dat afmeihte Korn oder Gras nennt man uk Schwadd [Schwade, die abgemähte Reihe]. Bi it Kornmeihen liggt dat Schwadd (hier gemähtes Korn) an it stahns Korn. Bi it Grasmeihn liggt dat Schwadd buten vun dat stahns Gras. Dat Grasmeihn weer för Vadder un de Daglöhner en schwore Arbeit. Dor weer de Knech noch to jung to. He arbeider denn wat anneres. Höchstens kunn he, wo dat Gras platt liggen dee, en bet utschwoien (ohne bestimmte Schwadd). Dor harr he sien eegen Tier (Art und Weise) un durf arbeiden so gud as he kunn.

Wi meihten uk bald mit 'n Maschin. De Schlosser, de mit Maschinen handeln dee, lehner se uk gegen Betahlung. Vadder truer sik dat nich to un setten sik up 'e Maschin; dat dee dorüm unse Naver Asmus Hoffmann, de denn uk gliek sien eegen Gras mit afmeihn dee. Wenn he bi uns meihn dee, maker Vadder sien Ploogtiet mit. Asmus harr uk dat Mallöör un meihn Pluto an. Ik seh dat noch ümmer so gud as vör 62 Johr. Dat weer in unse Wisch an Asmus sien Huus. Pluto harr gewiss in it deepe Gras woit (gewatet) un na Mullewarben kratzt. Ik stunn achter de Wiern vun de Kuppel sietsan. Up eenmal schrieer Pluto himmelhoch un floog över dat Messer vun 'e Maschin. Asmus höller dat Peerd an, Vadder keem anlopen, un ik weener. Pluto leeg still un licker sik de deepe Wunn eben över de linke Vörfoot. Denn wurr 'n to Huus fohrn un in 'e lerrig Kohstall bröcht. Toeers wurr de Wunn behannelt mit Kreolin (scharfes Desinfektionsmittel bei Wunden der Tiere). Aver dat wull nich heelen; un denn setter sik fuule Fleesch. Nu müsster de Tierarzt vun Twedt ran. He leet uns de Wunn afbeizen mit Höllensteen. Na veele, veele Wuchen kunn Pluto wedder lopen un, Gott sei Dank, de lahmer nich mal.

Wenn dat Gras af un an 'e Sunn en beten utwäält (angetrocknet) weer, wurr it mit en holten Hark kehrt. Wenn dor veel Gras wussen weer un it düchdig dick in 't Schwadd leeg, müsster 't noch eersmal utstreut warrn. Wenn dat so up beide Sieden utwäält weer, wurr 't in grote Reems (lange Heuwälle) tosamenharkt. Ik kann noch erinnern, dat dat mit de Hand maakt wurr. Aver bald wurr up 'n Aukschoon en Peerehark köfft, de dat Upremen gauer un lichter maken dee. Denn gung it an 't Diemen. Wenn dat 'n richdige Heuweder weer, leep de Schweet bet in 'e Steveln. Doddi un ik hemm as grote Kinner bi dat Diemen hulpen, as de Krieg utbraken weer un wi keen Hülp harrn. Bi it Infohrn fehler de Knech uk, de süns up it Feld dat Laden maakt harr. Dor müsster ik up 'e Waag un laden. Dat weer gar nich so licht un maken so 'n schöne veerkantige Föder, dat nich na alle Sieden utenanner full. Mi is aver keen Föder to Schiet gahn. De schlimmste Arbeit harr natürlich wedder Vadder, de up it Fack (Stapel auf dem Boden) un in Halfdüstern in en schreckliche Hitt un Stoff dat Heu henpakken dee. He schweeter denn ümmer, dat he nich ut de Ogen kieken kunn. Wi freuten uns all, wenn Mudder uns en Glas Rosenlikör bröchter. De maker se selm ut düsterrote Rosen un Wiensteen. Wenn dat letzte Föder Heu ünner Dack weer, freuten wi uns all.

Wenn dat Heu borgen weer, müsstern wi notwendig wedder in 'e Röven. De wurrn in 'e letzte Johrn vör de eerste Krieg de meiste Stäen nich plantet. De wurrn mit 'n Drillmaschin in en dünne Reeg seit. Wenn de Reegen gud to sehn weern, wurrn se verdünnt. Man schloog mit 'n Rövenhack Löcker (Lücken) in 'e Reegen un leet blots dor, wo später en Rööv stahn sull, en paar Planten stahn. Wenn man denn na en korte Tiet sehn kunn, wat vun Planten gud un wat vun schlech stunnen, wurrn se verenkelt, dat blots een Plant groot wurr.

En leege Sommerarbeit weer dat Kuhlmurren (Schlamm entfernen). Wi harrn söben Kuhln, in jeder Kuppel een. De meisten vun 'e Kuhlen weern wull Mergellöcker wesen. Twee dorvun weern al upwussen un gans dröög, as ik noch lütt weer. De annern höllern dat Water de ganse Sommer. So harrn de Kuppel an 'e Weg un de Kuppel an Schulz keen Kuhl. Vör de Kuppel an Schulz kunn 'n Weg afwiert warrn na 'n gemeensame Kuhl up 'e Grens vun Schulz un uns. Wenn de Köh up 'e Kuppel an 'e Weg gräsen sullen, müsstern se watert warrn ut Balligen. Dat weer uk nich so schlimm, denn de Kuppel leeg an 'e Hoffplatz. Dat Water stunn in all de Kuhlen rech wat sie-

der as de Kuppeln weern. In 'e Sommer schwunn dat Water uk noch en ganse Stück. Dorüm müsster in jeder Kuppel een oder twee Dalgänge na dat Water maakt warrn, süns perrten de Köh de Eere gans dör. Dat wurr maakt mit Sammelsteen, de wi Kinner un de Knech up de ferdige Acker afsammeln müsstern, dat de Meihers nich se's Lee doran stump maken deen. So 'n Sammelsteen weern dörgahns so groot as 'n dubbelte Fuust.
Nu bleeben de Kuhlen jo nich so, as se to Anfang wesen weern. Vun 'e Kanten ruser sinnig en beten Eere in 't Water. De Köh rangeln mit de Tiet uk wat Eere dal. De Kuhlen wassen na un na up. Wenn denn mal en dröge Sommer kümmt, kickt de Grund ut it Water, de Kuhl ward dröög. Denn mutt 'n murrt warrn. Gottloff duert dat viellich en half Stieg (een Stieg = 20) Johr, ehr dat wedder nödig deit.

Ehr dat losgahn kann, mutt eers allens liekvör sien. An 'e Fööt mögen de Lüde bi it Kuhlmurren am leefsten Holtschohsteveln anhemm. Dat sünd holten Holtschoh mit Stevelschechten. De sünd dich un holn de Fööt warm. De sünd aver johrelang nich bruukt wurrn un möten eers afprooft warrn. Denn müsster dar en starke Schuuvkaar to, un en starke Tau oder Kääd. Vör allen Dingen brukern wi twee junge, starke Kirls; denn de Arbeit is över alle Maten schwor un schietig. De warrn bi de Arbeitsvermittler Heinrich Boysen bestellt. De Knech is för so 'n Arbeit to jung un de Daglöhner to oold; un Vadder is dat nich gewohnt.

An de Kuhl keemen en ganse Patschon Minschen: de beide Arbeiders, Vadder un natürlich wi Kinner. Mudder harr uns draut: „Maakt ju nich schietig, süns kriegen ju wat lang 't Jack!“ Max un Thea sünd gewiss uk mitwesen. To Tokieken weern se eben so gud to bruken as Doddi un ik. Ik heff natürlich en Putt vull Water mit to all de Fisch. Vadder harr mal bi Hans Schlott en paar Settkarpen (Setzkarpfen) köfft un in 'e Diek sett. Dor harrn wi bet herto man een vun wedder fungen. Ik harr twee Goldorfes (Goldorfen, eine Karpfenart) insett, de Hans Schlott mi schenkt harr, as ik em en paar Balligen mit Settfisch vun 'e Bahnhoff haalt harr. Dor harrn wi man een vun wedder fungen. Nu müsster dorvun doch wat an 'e Dag kamen. Dor keem aver nix.

Dor weer noch en beten Water in 'e Kuhl. De Arbeiters makern en Rünn na de Kant, dat se dat Water mit Ammern upschlaan kunnen. Se kreegen en paar Kruutschen (Karauschen) mit, de ik gau in mien Glashaben schmieten dee. Nu wieser sik glieks, dat dat mit de Schuuvkaar nich gung; dat weer eenfach to schwor un schuben de Kaar mit de Murr an 'e Kant. Aver Vadder wüsster Raat. He lehner sien Vetter Korl Akeby sien Störtkaar (Sturzkarre mit zwei Rädern). Nu bröchtern se de Murr mit it Peerd un 'e Störtkaar an 'e Kant. „Dat Peerd kann dat beter löntschen (bewältigen) as wi," meenern de Arbeiters. As se ferdig weern, säen se: „Diek rönschen (reinigen) wullen wi nich geern jeder Dag." As de Murr dröög weer, fohrer Vadder 'n up 'e Wisch as Schüfflungs (Kompost).

Tuun klippen

Vör Brarupmarkt, wenn de Röven an 'e Siet un de Roch noch nich so wiet weern, wurrn de Tuuns klippt. Dat weer gans alleen Vadder sien Arbeit, eben as all 't anner, wat akkeraat sien schull un wo de Lüde över schnacken deen. Dat weer 'n wecke Daags Arbeit; denn wi harrn gewiss en lütte 100 Meter Tuun. Dat längste Enn weer 'n Bökentuun. De gung vör Westen un Süden üm de ganse Hoff (Garten). Na 't Osten an 'e Hamm (kleine, eingefriedete Hauskoppel) un na 't Noord'n an 'e Misspaal lang weer 'n Tuun ut Lebensboom. Üm Homa ehr Enn un üm de Höhnerhagen stunn en Dorntuun [Weißdorn].

Dat Klippen strenger bannig an in 'e Arms, un Vadder harr sowieso veel Wehdaag in 'e Arms. De Dokter sä, dat weer Rheumatismus. Ik nimm an, dat dat an 'e Sehns legen hett.

Aver dat weer hieps as haps, de Tuun müsster fein klippt warrn; denn de leeg an 'e Karkstieg, un dor gungen veel Lüde an vörbi. De Tuun weer uk noch schwor to schnieden; denn de weer meist en Meter breet un leeg över de Hännen. Vadder müsster up 'e Schuuvkaar stahn, wenn he de Tuun babenlang schnee. Aver dat hulp nich; bi 'n paar Daag weer uk noch Brarupmarkt. Dor keemen so veel Klookschieters lang. Vun de wull he nich för Narrn holen warrn. So schnee he jeder Johr de Tuuns, uk wenn he Wehdaag harr. Dat Klippels keem in 't Schüfflungslock. Nu kunnen wi eersmal to Markt gahn.

En schwiensche Arbeit weer uk dat Böhnreinmaken. Wenn de Böhns in Huus un Schüün gans lerrig weern un dor keen Korn un keen Heu un keen Stroh mehr seet, müsstern de Böhns reinmaakt warrn. Denn gung Vadder na de Wall, de to Harvst afhaut warrn sull, un söchter en gans lange Stang ut mit 'n dichte Kroon vun Bläder in 'e Topp. Nerrnüm wurrn de Twiegen afhaut; blots de Kroon bleev sitten. Disse Quast langer vun it Böhn bet an 'e Rüchnung. Dormit gung Vadder to Böhns un fung an, de Spinnweben ünner 't Dack dahltofegen. Wi Kinner weern mit to Böhns gahn un seechern uns dor nu üm. Süns dorm wi jo dor nich rup. Aver wo arbeidet wurr, dorm wi uk sien. Am meisten wunnerten wi uns över all de Ennen vun Teeken (Tau; dä.; gedreht aus Sterrgras = Riedgras; dä.), wo se in ole Tieden dat Dack mit neiht harrn. Wenn man nie deckt hett, hett man de Teeken eenfach afschneden. Nu hungen all de Ennen an 'e Latten. De Teeken wurrn fröher abends vun de Mannslüde dreiht as bi it Spinnen, wenn de Fruunslüde Garn spunnen.

Gefährlich weer dat Fegen över de Joll (erhöhter Boden über der Tenne; dä.). Dor leegen keen Breder, dor weern blots Stangen. De nenner man Schleeten (dä.). Uk över Koh- un Peerestall leegen blots Schleeten, dat de Damp vun de Tiere aftrecken kunn. Wi Kinner dorm dor jo nich hengahn. Bi it Reinmak'n bleeben wi uk

nich lang up it Böhn. Man kunn dor vör Stoff nich hachten (aushalten; dä.). De schlimmste Stoff keem eerst, as dat Böhn fegt wurr; aver dor spelern wi al lang buten in 'e Sunn.
Wenn denn dat Heu binnen weer un so fein rüken dee, schleep Vadder de ganse Sommer baben up it Böhn to Middag.

As de Lee noch sung

As ik al teemlig heranwussen weer, köffter Vadder sik en nie Lee. Dat mag so üm 1912 wesen sien. Dat weer eenlich en överspönsche (unsinnige) Utgaav; denn he harr twee bet dree Leen, un he kunn wohrschienlich utkamen mit een Lee. Dat harr sik siet en paar Johr so inföhrt, dat man bi de Schlosser Grasmeihers un Afleggers för 't Kornmeihen gegen Betahlung lehnen kunn. En Aflegger weer en Maschin, de dat Korn in Neeken (Garben; dä.) afmeihen un henleggen dee. De bruukten denn blots noch bunnen warrn. Na de eerste Krieg köfften Vadder un de Navers en Selbstbinner. Aver Vadder stunn mit de nie, aver gans överflödige Lee in 'e Hand un sä: „De Lee harr so 'n feine Klang; dor kunn ik dat nich laten.“ Un denn striеker he de nie Lee, un de klung as Karkenklocken. Un denn wurr 'n fein up Stööl sett un denn henhungen. Bruukt wurr 'n denn doch noch in 'e Krieg, as keen dor weer, de de Meihmaschin fohrn kunn.
Wi meihten mit dree Leen. De eerste Lee meiher, as sik dat hören dee, de flauste (schwächste) Meiher, un dat weer ik, eers grade veerteihn Johr oold. De tweede Lee weer Vadder un de drütte unse ole Daglöhner. Un wenn wi denn an 't Enn vun een Schwadd uns all dree henstellern un streeken de Leen un vun alle Kanten antwortern de Navers, de uk bi to meihen weern, denn weer de ganse Luft vull vun Musik, ebenso schön as in 'e Kark de Örgel spelt.

De 30. August 1914 weern wi bi to Haver meihn in 'e Kuppel Süden vör 't Huus. Dat weer al na Fierabend, aver wi wulln de letzte paar Schwadd noch afhemm, do keem de Gemeendeschwester lang de Stieg. As se uns seech, prahler se gans hoch (laut): „Großer Sieg bei Tannenberg; 90 000 Russen gefangen." Dor fungen uk al de Karkenklocken an to lüden. Wi streeken de Lee dorto, un de ganse Welt weer vull vun Loff un Dank. Wi wüsstern jo nich, wat de neechste veerdig Johr uns bringen schulln.

Aver domals freuten wi uns noch, un as wi upmeiht harrn, bunnen de Binnerins ut de letzte Neek en Fock (Erntestrauß; dä.), un wi trucken all vör de Huusdör un streeken na ole Mood de Lee, un Mudder keem rut un schenker uns en Glas Rosenlikör in. Leider möten wi mit Klaus Groth seggen: „So is dat nu nich mehr, Jehann, as höchstens noch in Droom." De Lee singt nich mehr un dat Peerd treckt nich mehr de Ploog över dat Land. Singen de Lerchen noch? Gewiss nich so as fröher.

In 'e Oorntiet

Ende Juli, Anfang August fung de Rochenoorntiet an. Dor wurrn söss Mann to bruukt: twee to meihn, twee to binnen, twee to harken, sünst schaffe dat nich recht wat. Vadder un de Daglöhner meihten. De Knech weer de eene Binner. De anner Binner weer, wenn it schlimm keem, Mudder. Aver se schull eegenlich to Huus blieben un Eten kaken. Dorüm keem gewöhnlich en Naverfru to binnen. To harken weer keen to kriegen. As Doddi un ik so 'n Halfstieg Johr weern (een Stieg = 20 Stück), müsstern wi natürlich ran. Dor markern wi eers, „wat 'n Hark weer", as man bi uns seggt.

To Kornmeihn ward an dat nedderste Enn vun 'e Leestööl en Bögel fastmaakt, de dat Korn glatt henleggen deit. De Daag, wo meiht warrn schall, ward jeder Morgen de Lee haardt [haaren = dengeln, schärfen; dä.]. Dorto ward de Lee up 'n iesern Haarstek [Amboss zum Dengeln] leggt un mit 'n Hamer kloppt. Denn geiht it los in dat Rochenfeld. Vadder meiht de eerste Lee, ik hark un de Knech bindt bi Vadder. De tweede Lee meiht de Daglöhner, Doddi harkt un de Daglöhnerfru bindt bi de Daglöhner.

De Harkers hemm en kleene holten Hark. Dormit rullen se dat Schwadd up (das gemähte Korn liegt in einer glatten Reihe, der Schwade, am stehenden Korn). Dorbi stöten se de Rull mit dat Been scharp an; sünst löppt dat Korn ut de Rull. Dat glückt natürlich nich foorts. De Daglöhnerfru prahlt uk al: „Jung, dien Neeken sünd langmoorsig. Se sünd so lang as Lewerenz sien Kind, dat hung söben Ell (1 Elle etwa 60 Zentimeter) över de Weeg (Wiege).“ In 'e Hast griep ik to deep mit 'e Hark un krieg wat vun dat faste Korn un schneer mi denn gänslich dal. Nu kümmt Vadder uk al un helpt mi wedder liek vör. Bald gung dat uk beter. Man gud, ik harr bi de Roch anfungen mit dat Harken. Bi it Sommerkorn is it noch veel schlimmer, wiel dor so veel Grönes in is. As wi de Roch afmeiht harrn, gung Vadder glieks bi to schocken (dä.). De Roch ward schockt in Hocken (dä.) vun söss Neeken. De Hocken stahn in lange Reegen över dat ganse Feld. Disse Reegen nennt man Oorn (dä.). Wenn alles steiht, warrn de Neeken tellt. Sösstig Neeken sünd een Draag.

De Roch kunn al in en paar Daag infohrn warrn. De keem ümmer up it Huusböhn, denn de wurr jo mit de Plegel döscht. Wenn dat Infohrn losgung, müsstern de Wagens eers torechmaakt warrn. Vör kümmt dat Vörtau hen. Dat is an dat Vörderenn vun beide Siedenbreder fastmaakt. An 't Achtereck vun dat rechte Siedenbrett is dat lange Achtertau fastmaakt. An dat Achtereck vun dat linke Siedenbrett hung en Haak, in de dat Achtertau leggt warrn kunn. Up dat Ünnerbrett liggt de lange

Winnelboom. Vadder un de Knech un wi Kinner natürlich sitten up, un los geiht it rut up it Feld. Vadder fohrt, wenn it jichtens geiht, rechs an 'e Oorn heran. Dat Sittbrett ward achter up it Ünnerbrett leggt. Denn hangt Vadder de Winnelboom in de Schneer vun 't Achtertau. Dat Achterenn vun 'e Winnelboom schlept över de Eere. Aver noch dörm wi nich up 'e Winnelboom rieden. Eerst wenn dat eerste Laag Neeken över de Siedenbreder liggt, dörm wi upklarrn. Dat Winnelboomrieden is för uns Kinner dat Beste vun de ganse Oorntiet. Vadder staakt de Neeken mit de lange dreetins Staakfork up 'e Waag. Jedesmal wenn Vadder tofohrn will, seggt he vörher, „fast". Dat heet för de Knech baben up it Föder: „fastholen!" Wenn dat Föder tolaadt is, langt Vadder de Knech de Winnelboom rup. He höllt de Boom mit dat vörste Enn vör en Stück dal. Vadder steiht up it Diezelholt un schlengt dat Vörtau en paarmal üm 'e Boom. Denn geiht he na achtern un schmitt dat dubbelte Enn vun 't Achtertau över de Winnelboom, hangt dat Tau över de Haak un treckt dat Tau scharp an. Denn liggt de Winnelboom fast up it Föder. Denn schmitt Vadder dat Lei na baben un lett de Knech dat Föder to Huus fohrn. Wi annern gahn achterna. To Huus ward afstaakt.

Vadder hett, as dat ümmer is, wedder de schwörste Arbeit. He packt in 'e ganse Oorntiet baben up it Fack (Garbenstapel auf dem Boden) de Neeken hen. Dat is dor baben düster un schrecklich hitt un stoffig. He leckt vun Schweet, wenn he dalkümmt. Aver de annern hemm dat uk nich licht. De Knech staakt de Neeken vun 't Föder up to Böhns. Wenn wi keen Hülp hemm, möten Doddi un ik heran; denn wi sünd jo de gröttsten. De eene nimmt de Staker de Neeken af un schüfft se över 't Böhn an 't Fack heran. De anner staakt se up to Vadder. Wenn dat Fack to hoch ward, dat geiht jo bet an 'e Rüchnung, mutt Mudder dat Hochstaken maken, un een vun uns gung up to Vadder un schmeet em de Neeken to.

Wenn dat Sommerkorn infohrt warrn schull, keemen de dree Kuppeln mit Haver, Mengfutter un Kleverhaver all up eenmal. Denn müsstern wi sehn un kriegen Hülp, am leevsten twee Männer as Daglöhners. Wenn keen to kriegen weer, hemm Hopa Dahtfelt un Adolf Henningsen uns uk mitünner hulpen. Denn wurr mit Aflaadwaag fohrt. Denn müsstern wi twee Mannschaften sien: een Mannschaft up it Feld, en Staker un en Lader, un een Mannschaft binnen, as ik dat eben vertellt heff. Wenn denn de eene Mannschaft afladen dee, lader de tweete Mannschaft buten up it Feld en nie Föder up. Dat schaffer mal so veel as mit een Mannschaft. Wenn wi en Kuppel in en Hiss (großer Diemen; dä.) fohrn deen, keem Unkel Schulz un buer de Hiss; denn he kunn jo allns.

Bi it Infohrn müsster af un an dat Drooskorn (ausgefallenes Korn; dä.) an'e Siet raakt warrn; denn dat riepe Korn full licht ut. Schlimm weer dat, wenn it in 'e Oorntiet veel regen dee. Wenn de Hocken lang natt blieben, fangen de Körner an to spraten (keimen; dä.). De Hocken warrn denn mitünner gans gröön. Denn verlor dat Korn an Futterwert. Am schlimmsten weer dat bi de Roch; denn döchter'n nix mehr to backen.

Toletzt wurr de Bookweet riep. De Bookweet weer lichter to meihn. Dat is'n gans anner Plantenoort [eine andere Pflanzenart, nämlich ein Knöterichgewächs und kein Gras wie das Getreidekorn]. De hett keen Kieselsäure in 'e Stengel, de dat Stroh so hart maakt. De Bookweet is gans vertwiegt un lett sik dorüm nich to'n Neek binnen. Man maakt kleene Dütt, Stuken (dä.), un dreiht de to'n Spitz.

Wenn de Kuppel lerrig weer, wurr dor mit'n Hungerhark naharkt. Dat weer'n grote Hark, ungefähr twee Meter lang. De Tinnen meeten en 30 Zentimeter. In de Mitt vun de Stööl seet en lange Pinn, an de man de Hark trecken dee. Denn wurr dat Harkels, dat veelmit (oft) nich veel weert weer, to Huus fohrt. Mit dat Stroh wurrn de Schwien streut, un dat Korn kreegen de

Höhner. Dat Harken mit de Hungerhark nehm veel Tiet. So keem dat, dat uk de kleene Buern bald en Peerehark kreegen. Dat durer denn man en paar Stunnen, so weer en Kuppel afharkt. Noch veel wichdiger weer de Peerehark in 'e Heuoorntiet.

Dat Letzte

As 1914 de Krieg anfung, weern mien Kinnerjohrn to Enns. De Knech wurr Soldat, un Daglöhners weern nich mehr to kriegen. Toletzt keem mitünner en ole Rentner, Hans Schaap nennern em de Lüde, wenn wi gans in 'e Kniep weern mit Tünen un sowat, wat nich jedereen kunn. Dat Namiddags müsster ik dat meiste vun dat maken, wat süns de Knech maakt harr. De ganse Abendsüssel, Köh missen un futtern weer mien Arbeit. Mudder sä al ümmer: „Heine, laat de Jung doch nich so veel arbeiten; he kriggt so 'n krumme Been." So schlimm weer dat natürlich nich.

De Krieg bröchter uk wedder Truer. In 'e eerste Wuchen full Mudder ehr Broder Thede. Aver dat Leben gung wieder. 1914 un 1915 wurrn unse lütte Geschwistern Heini un Gretchen geborn. Gretchen weer dat Ebenbild vun unse lütte Käte. Wenn Mudder se denn Bost geev, stunnen wi rund üm ehr herüm un freuten uns, dat se dat schmecken dee un se örndlich schmatzer.

Gottseidank sünd wi Geschwister noch all an 't Leben [1976; heute, 2006, lebt keines mehr] un fiern jeder Johr bi jeder de Geburtsdag. Wenn wi denn tosamensitten doon, warrn all de ole Stücken ut unse Kindheit wedder upwarmt.

So weeten wi, wo wi herkamen, un weeten wo wi hengahn.

Lebenslauf Fritz Simonsen

1900	23. 6. geboren in Süderbrarup-Roy Vater: Bauer Heinrich Simonsen in Süderbrarup-Roy Mutter: Marie Simonsen, geb. Tüxen
1907 – 1916	Volksschule Süderbrarup
1916 – 1918	Präparandenanstalt in Kappeln
1918	11. 6. – 24. 12. Soldat
1918 – 1921	Lehrerseminar in Tondern
1921 – 1922	Kassierer und Buchhalter in Süderbrarup
1922 – 1923	Verantwortlicher Redakteur in Niebüll
1923	Buchhaltungsleiter einer Bank in Süderbrarup
1923 – 1924	2. Lehrer in Aventoft
1924 – 1930	Lehrer der einklassigen Schule in Bramstedt
1930 – 1933	Gründer und Leiter der gehobenen Versuchsschule in Ladelund; Anwesenheit des Preußischen Kultusministers
1933 – 1936	Rektor in Brunsbüttelkoog
1937 – 1939	Mittelschulrektor in Bredstedt
1939 – 1943	Mittelschulrektor in Husum
1939 – 1941	Soldat
1943 – 1945	Schulrat in Pinneberg
1945	Soldat
1945 – 1948	Lagerinsasse in 20 Orten Österreichs und Bayerns
1948 – 1957	Mittelschulrektor in Plön
1957 – 1966	Schulrat in Plön
1924 – 1975	verheiratet mit Catharina [„Tine"] Simonsen, geb Paulsen, verstorben 1975

[1987 Mein Vater starb am 18. Oktober in Plön. – R.S.]

Der Präparandenschüler Fritz Simonsen